Für Birgit
mit vielem Dank für
die "schöne Bereicherung"
von Saskia Sl, Helms

Frankenhof, 30. 06. 2010

Saskia Schottelius · Sagen Sie doch, was Sie wollen!

Saskia Schottelius

Sagen Sie doch, was Sie wollen!

Überlegen kommunizieren

Mit Taoistischen Gesundheitsübungen

Zeichnungen von Antje Meister

Oesch Verlag

Die in diesem Buch vorgestellten Tipps und Übungen dienen der Selbsthilfe. Sie sind wirksam, leicht durchführbar und für jeden geeignet. Sollten Sie jedoch ernsthafte Gesundheitsprobleme haben, gleich ob physischen oder psychischen Ursprungs, begeben Sie sich bitte in fachliche Behandlung.
Alle Angaben in diesem Band basieren auf dem bei Erscheinen aktuellen Wissensstand von Medizin und Naturheilkunde, soweit er Autorin und Verlag zur Verfügung gestanden hat.
Die Ratschläge wurden von Autorin und Verlag sorgfältig erwogen und geprüft; dennoch kann eine Garantie nicht übernommen werden. Eine Haftung der Autorin bzw. des Verlags und seiner Beauftragten für Personen-, Sach- und Vermögensschäden ist ausgeschlossen.

Satz: Oesch Verlag
Umschlagbild: © mauritius images / imagebroker
Fotos Innenteil: Martin Schneider
Druck und Bindung: CPI – Ebner & Spiegel, Ulm
Printed in Germany

ISBN 978-3-0350-0056-6

Gern senden wir Ihnen unser Verlagsverzeichnis:
Oesch Verlag, Jungholzstraße 28, 8050 Zürich
E-Mail: info@oeschverlag.ch
Telefax 0041 / 44 305 70 66 (CH: 044 305 70 66)

Unser Buchprogramm finden Sie im Internet unter:
www.oeschverlag.de

Inhalt

Vorausgedacht

Über die Kunst des Sprechens

Rhetorik heißt nicht, geschickt und kunstvoll tausend Worte zu machen. Eine gelungene Rhetorik bietet vielmehr die schöne Gelegenheit, sich mit seiner ganzen Persönlichkeit und einem echten Anliegen zu präsentieren. Die große Kunst ist es, sich von einem scheinbar immer kritischen Publikum frei zu machen und bei sich selbst zu bleiben. Dieses In-der-Mitte-Ruhen spiegelt sich nicht nur in Ihrer Haltung, sondern auch in der Wortwahl. Und in Ihren Gedanken. Deshalb ist das erste Kapitel dieses Buches der Gedankenkraft und ihren Auswirkungen auf die Sprache gewidmet.

Und dann kommt es auf unsere Haltung an: scheinbar nach außen (Kapitel 2), in Wirklichkeit aber auch sichtbar im Spiegel der gesamten Rede (Kapitel 3). Das zusammen zeigt, wie sehr Sie zu Ihrem Gesagten stehen und wie weit Sie sich auf andere, hier das Publikum, einlassen.

Gewundert hat es mich immer, dass die meisten Teilnehmerinnen und Teilnehmer meiner Seminare nicht den Vortrag oder die Rede als Schwierigkeit empfanden, sondern den Dialog. Sei es als anschließende Diskussion oder als Gespräch mit dem Chef, genauso gut zum Beispiel aber auch mit dem Nachbarn (Kapitel 4). Rhetorik heißt viel mehr als tausend Worte. Rhetorik ist auch die Kunst, in schwierigen Kommunikationssituationen souverän und ausdrucksstark zu bleiben und mitunter ohne viele Worte gelassen zu bestehen. Doch auch hier kommt es wieder auf die innere Ruhe an und auf den Mut zur eigenen Meinung.

Viele machen sich Sorgen, dass sie mit einer Rede, die sich nicht anpasst, oder dem Mut zur eigenen Meinung schlecht ankommen. Und dann wundern sie sich, wie leicht und gut es ist, wenn sie alle rhetorischen Raffinessen weglassen, unnötige Fremdwörter meiden und einfach klare Sprache sprechen, mit einem präzisen Ziel und deutlicher Abgrenzung: Sagen Sie doch, was Sie wollen!

So genannte »Tipps und Tricks« zu einer »besseren« Rhetorik werden Sie in diesem Buch nicht finden. Aber Sie haben die Gelegenheit, für sich selbst zu entdecken, was es heißt, in einer Rede Stellung zu beziehen oder im Streit klar und dennoch freundlich zu bleiben. Sie werden sehen, dass es Spaß macht, die anschließende Diskussion gelassen »zu bestreiten«, und dass es Ihnen die Würde zurückgibt, wenn Sie auf hässliche Angriffe humorvoll kontern.

Lassen Sie sich überraschen und betreten Sie das Feld von Rhetorik noch einmal ganz neu: Nicht um anerzogene Floskeln und Formen geht es, sondern um gelungenen Selbstausdruck und um Ihre Mitte. Auch über die Konzentration auf sich selbst und Ihre Mitte werden Sie im Anhang auf ganz neue Möglichkeiten stoßen. Ich wünsche Ihnen viel Freude dabei, sich kraftvoll auszudrücken und dennoch entspannt zu bleiben!

1. Positive Sprache und Gedankenkraft

1.1 Kompetenz und Performanz

Welche Möglichkeiten in der Sprache stecken und wie wir unsere positiven Ausdrucksformen optimieren können

Unsere Sprache wird zu Recht als »Schatz« bezeichnet: In ihr stecken unzählig viele Möglichkeiten, um die Welt (mit Worten) zu »sehen«, zu verstehen, beschreiben, betrachten, wiederzugeben, kurz: »wahr« zu nehmen. Das ist ihre »Kompetenz«, auf die wir als sprechende Wesen zurückgreifen. Dabei »be-deutet« jedes Wort mehr als nur gesagt: Die Art und Weise, wie wir die Dinge in Worte fassen, ist immer schon ein Deuten von Wirklichkeit – nach unserem Denken und durch unsere ganz persönliche Brille betrachtet.

Mit »Performanz« könnte nach diesem Modell das benannt werden, was auf der Seite der Sprechenden und der Angesprochenen erscheint: die Vorführung auf der Bühne sozusagen, die (engl.) *performance.*

Das Erstaunliche dabei ist, dass der Mensch im täglichen Miteinander viel zu selten zu den Schätzen greift, die ihm die Sprache offenbart. Im Gegenteil: Beobachten wir unsere »Rede-Wendungen«, so fällt auf, dass der Großteil negativ formuliert ist: Ob auf der Arbeit, mit Kindern, zu Hause oder in der Freizeit – die meisten Kommentare, Gedanken, Bemerkungen sind negativ. Und das nicht, weil unsere Sprache negativ ist, sondern weil wir sie negativ »ver-wenden«.

»Lass das sein, das kannst du nicht, habe ich Ihnen das nicht schon hundertmal gesagt, hast du schon wieder nicht dein Zimmer aufgeräumt, knall die Tür nicht so, können Sie das nicht ein bisschen schneller erledigen, hast du keine Ohren, pass auf, dass du das nicht umschmeißt, mach die Augen auf, muss ich das schon wieder sagen, das gehört sich nicht, hörst du jetzt auf, fragen Sie doch nicht so blöd, gib nicht so an ...«

Wir sind darauf trainiert, das Positive nicht oder nur am Rande zu »bemerken«.

Na, erinnern Sie sich? Von Kindesbeinen an bis in unseren heutigen beruflichen und privaten Alltag hinein sind wir an solche und andere Kommentare gewöhnt. Und auch wir selber sind darauf trainiert, allein das Negative wahrzunehmen und das Positive nicht oder nur am Rande zu bemerken. Und »bemerken« heißt hier einmal »wahr-

nehmen, erkennen«, aber auch »eine Äußerung, eine Bemerkung machen, etwas sagen«!

Nur wenn wir etwas Positives bemerken, können wir es auch bemerken (eine Bemerkung machen). Jetzt stellen Sie sich vor, jedes negative Wort, jede negative Bemerkung ist wie ein Pfeil, der auf unsere Seele abgeschossen wird. Es entsteht eine regelrechte Verletzung[1], gefolgt von Schmerzen und dem Versuch, sich davon wieder zu erholen. Manchmal – und auch das werden Sie kennen – ein langwieriger Heilungsprozess. Denken wir doch nur daran, was alles nach einem Streitgespräch in unseren Köpfen herumspukt. Und das, was »hängen bleibt«, sind immer die negativen Dinge. Da können wir noch so oft gelobt werden: Stundenlang, vielleicht sogar monate- oder jahrelang nachdenken werden wir über die Vorwürfe und Beschimpfungen und was an ihnen wohl dran ist (»bin ich vielleicht doch unaufmerksam und arrogant?«), nicht aber über das ohnehin viel zu seltene Lob und die lieben Worte.

Und meistens bleiben Narben. Die werden im Laufe der Zeit immer größer und jedes weitere Wort auf eine alte Wunde macht unsere Selbstzweifel, Schuldgefühle und Versagensängste nur noch schlimmer.

1.2 Sprachmissbrauch

»Kein schlechter Gedanke«

Schauen wir uns die verschiedenen Arten von »Sprachmissbrauch« – denn darum handelt es sich, sobald wir Sprache als verletzendes Instrument oder sogar als Waffe benutzen – etwas genauer an:

---

[1] Vgl. René Egli: Das LOL^{2}A-Prinzip. Oetwil 1997. Der Autor treibt die Idee der negativen Gedankenkraft auf die Spitze und geht davon aus, dass jeder negative Gedanke mit der gleichen Intensität eines Tages zu uns zurückkehrt. S. 101 ff.

Negative Formulierungen	Negative Worte: nicht, kein, nein, nie; Präfixe und Suffixe wie Miss-, -los Harte Worte, Schimpfwörter Negative Imperative: Pass auf, lass das sein, geben Sie her Metaphorische Sprache: fühle mich »kaputt«, »ausgelaugt«, »zerbrochen« Ex negativo gedacht: Sie rufen außerhalb unserer Bürozeiten an; letztes Jahr standen hier Rosen
Positiv gemeint, aber doppelt negiert[2] **oder relativiert**	Nicht schlecht, nicht übel, nicht neu, kein Fehler, kein schlechter Gedanke/keine schlechte Idee, da kann man nicht meckern, ich kann nicht klagen, da hab ich nichts dagegen, das ist auch nicht dumm; ich will Sie nicht weiter langweilen ... Echt gut – das kann ich nicht anders sagen! Tu dir keinen Zwang an! Sie hat nicht ganz Unrecht. Red keinen Unsinn. Mach keinen Blödsinn. Da kann man nicht nein sagen. Das ist nicht von schlechten Eltern! Mach uns keine Schande! Eigentlich ganz gut, ziemlich toll, schon klasse, ganz gut (im Sinne von »mittelmäßig«) halt (Modewort im Sinne von »eben«)[3], oder ich weiß nicht was
Positive Formulierungen, negativ gemeint[4]	Das hast du ja mal wieder toll gemacht! Bist du auch schon da! Das hat mit gerade noch gefehlt! Ich werd dir gleich helfen! Na, hast du dich schick gemacht? Ich mach dir Beine! Hast du 'ne Ahnung! Gute Frau ... Mach doch, was du willst! Das wär ja noch schöner! Sie können sagen, was Sie wollen!/ Sagen Sie doch, was Sie wollen!

Negative Formulierungen

Beobachten wir unsere Alltagssprache, so fällt auf, dass wir Botschaften an andere häufig in Form von Befehlen oder Verboten aussenden. Wir rechtfertigen das gerne mit Zeitdruck (schnell ein Kind vor einer Gefahr warnen) oder behaupten, das sei im Arbeitsalltag klarer, praktischer, verständlicher usw.

Unser Denken: prinzipiell offen für mindestens zwei Aspekte

In Wirklichkeit haben wir nie gelernt und noch weniger geübt, die Dinge andersherum auszudrücken, eben positiv, bejahend – und das bedeutet: motivierend. Wie jedes Ding, so hat auch die Sprache, jedes Wort, jede Formulierung zwei Seiten. Und dahinter steht unser Denken: prinzipiell immer offen für mindestens zwei Aspekte. Das kennen Sie doch: Das Glas ist halbvoll oder halbleer.

Harte Worte: die fallen oft in Streitgesprächen. Aber haben Sie schon einmal darüber nachgedacht, dass es tatsächlich harte und weiche Worte gibt? Berühmteste Beispiele dazu sind »maluma« und »takete«. Na, wie klingt das in Ihren Ohren? »Maluma« klingt weich, freundlich und angenehm, »takete« spitz, scharf und kantig-grantig. Selbst die Worte, die ich wähle, um beides zu beschreiben, passen wiederum in diese Kategorien. Das ist übrigens nicht nur Spielerei. Unsere Konsonanten – je nachdem wo sie im Mund- oder Rachenraum gebildet werden – können weich und hart sein. Nach dieser »Lautverschiebung« können wir Sprachen, Dialekte und ganze Völkergruppen voneinander unterscheiden – je nachdem ob die Konsonanten hart und kräftig (p, t, k), mittel (b, d, g) oder weich gesprochen werden (f, th, ch): Pater – Vater – Father[5]. Unsere negativen Formulierungen

---

[2] Rhetorisches Stilmittel: Litotes = Verneinung des Gegenteils

[3] Dieses Wort hat leider schon seit längerem Hochkonjunktur: »Ja, ich bin dann halt reingegangen und hab halt gedacht, wenn ich halt nur ein bisschen …« Das Raffinierte ist, dass es den Sprechenden in eine Art »Opferrolle« bringt, dem Schicksal ausgeliefert, das »halt eben so ist«, wie es ist. Die übertriebene Verwendung dieses Füllwortes ist für mich eine Geste, sich ins Passive, Unabänderliche abzuwenden.

[4] Rhetorisches Stilmittel: Euphemismus = »Schönreden«. Auch: Ironie = das Gegenteil des Gemeinten formulieren.

[5] Ganze Wortfelder hängen auf diese Weise zusammen, wie zum Beispiel: indogermanisch »pa, pat: füttern«, lateinisch »pastor: Hirte, panis: Brot«, neuenglisch »food: Nahrungsmittel«. Vgl. H. Maas: Wörter erzählen Geschichten. Eine exemplarische Etymologie. München 1965.

und Imperative gehören über ihre negative Botschaft hinaus meistens auch noch zu den harten Worten und unser Tonfall wird ziemlich schroff dabei. Hören Sie mal nach!

Positiv gemeint, aber ...

Eigentlich wollten Sie etwas Positives sagen: freundlich, unterstützend, anerkennend. Aber Sie sagen es nicht. Stattdessen verpacken wir unsere Begeisterung oder Lobeshymne in kleinmachende, abschwächende und einschränkende Wortklammern: »eigentlich, ziemlich, irgendwie, sozusagen ...« – selten hat etwas einfach Spaß gemacht oder jemand wirklich etwas uneingeschränkt gut gemacht.

Es scheint schwer zu sein und große Gefahren nach sich zu ziehen, etwas Positives beim Namen zu nennen. »Frau Haupt, das haben Sie ausgezeichnet gemacht.« Na, hören Sie schon das »aber«? Richtig, wir können kaum etwas hervorheben, ohne nicht im gleichen Atemzug die »Gunst der Stunde« zu nutzen und gleich wieder mit schweren Sprachgeschossen aufzufahren: »aber bitte vergessen Sie die Rechnungen nicht«.

Oder machen Sie mal einen Punkt hinter Ihrem Lob: »Das gefällt mir sehr gut.« Was würde passieren? Alle warten geradezu schon darauf, dass da noch etwas hinterherkommt: »Was will der/die denn jetzt schon wieder von mir? Der will sich wohl bei mir einschleimen. Der will mich wohl verschaukeln.« Frei nach dem Motto: »Der, der lobt, dem glaubt man nicht, und wenn er auch die Wahrheit spricht.« Ja, lügen wir denn alle immer? Nein. Wir haben es nur nicht gelernt und sind es nicht gewohnt, Anerkennung auszudrücken und auch anzunehmen. Das ist in unserer Gesellschaft nicht üblich.

Der, der lobt, dem glaubt man nicht, und wenn er auch die Wahrheit spricht.

Stattdessen benutzen wir *doppelte Negationen,* die für die anderen doppelt schmerzhaft sind, wenn wir den psychologischen Effekt von negativer Sprache bzw. negativen Sprechens bedenken. Warum muss ich sagen, da hab ich nichts dagegen, wenn ich eigentlich dafür bin? Wie kommt es zu der »Anerkennung« »das ist nicht von schlechten Eltern«, wobei es die Formulierung, »das ist aber von guten Eltern« gar nicht gibt? Und muss ich mich auf eine angebotene Praline mit »da kann ich nicht nein sagen« bedanken, wenn ich doch einfach »o ja gerne« sagen könnte?

Wenn ich nach einem wunderbaren Abend sage: »Das Musical war ganz toll. Das kann ich nicht anders sagen!«, dann nehme ich mein uneingeschränktes Lob gleich wieder in Schutz, so als wäre es verboten, etwas so uneingeschränkt Positives zu formulieren. Warum soll ich es denn anders sagen können? Heißt das, in unserer Gesellschaft muss eigentlich anders, nämlich negativ-»kritisch« gesprochen werden, um ernst genommen zu werden? Was für ein Bild wirft das auf unsere Lebenswirklichkeit? Oder ist das nur ein speziell deutsches Phänomen?

Ich glaube nicht, denn in vielen anderen Sprachen finden sich ähnliche Wendungen. Das bedeutet aber, etwas überzogen formuliert, dass wir in einer Welt leben, die vom Negativen ausgeht. Von diesem Standpunkt aus betrachtet, ist eine hervorragende Leistung nämlich nicht ganz so negativ, zum Beispiel »gar nicht so schlecht«. Oder, wenn ich davon ausgehe, dass in unserer Welt immer geklagt wird, kann ich, wenn es mir sehr gut geht, erklären: »Och, ich kann nicht klagen!« Ist das Essen gut, dann ist es eben nur so gut, dass man sagen kann: »Das Essen war echt prima, da kann man nicht meckern!«

Negativ gemeint, aber ...

Oft lügen, vertuschen oder verdrehen wir einfach auch, weil wir es ebenso nicht gelernt haben, klar und deutlich, bestimmt und doch sachlich unsere Meinung zu sagen. Verrückterweise sind die wenigen klaren positiven Sätze (wie »das hast du ja toll gemacht«), nach denen unser Ich so dürstet, genau da zu finden, wo sie wieder völlig entwertet werden, »ver-rückt« werden, nämlich negativ gemeint: »Das hast du ja mal wieder toll gemacht!« Da heißt es nicht: »Juhu, schön, dass du schon da bist«, sondern: »Schön, dass du auch schon da bist« – nämlich viel zu spät, wie sich am Unterton heraushören lässt.

Und warum machen wir das? Weil wir feige sind. Weil wir Angst haben, die Wahrheit, nämlich ein klarer Vorwurf, könnte viel zu hart klingen, die anderen könnten sauer auf uns sein, und wir selber wollen auch gar nicht zugeben, wie enttäuscht wir sind. So helfen uns diese verlogenen Formulierungen, Wut und Ärger hinunterzuschlucken und höchstens noch in Form von Magenschmerzen weiter zuzulassen.

»Ich bin total sauer auf dich. Seit einer halben Stunde warte ich hier vor der Tür und jetzt ist mir der Spaß am Kino vergangen.« Sagen wir das, haben wir wenigstens die Chance auf ein klares Wort wie »Entschuldigung« und können unseren Zorn »austragen«. Bei »Toll, dass du auch schon da bist« begegnet uns eher ein ebenso unehrliches wie vertuschendes »Ach, lass mich doch in Ruhe« und der Abend ist gelaufen. Glauben Sie, dass der andere das ernst meint und wirklich in Ruhe gelassen werden will? Nein, natürlich tut es ihr oder ihm Leid – »irgendwo«. Nur, wie sag ich das?

»Sagen Sie doch, was Sie wollen!« Der Titel dieses Buches ist genauso zweischneidig, je nach Akzent. Das könnte eine Aufforderung sein zum klaren, bestimmten und offenen Sprechen. Dahinter hören wir aber auch ein »Ach, sagen Sie doch, was Sie wollen …« (ich glaub Ihnen sowieso nicht/ich hör doch nicht auf Sie). *Schöne, neue Welt.*

1.3 Übungen

»Denken Sie jetzt bloß nicht an eine weiße Maus!«

✍ Schriftliche Übung: Die erfolgreiche Art zu denken

Sammeln Sie spontan so viele negative Formulierungen wie möglich. Notieren Sie einen Tag lang alle negativen Formulierungen, die Ihnen auffallen. Fangen Sie jetzt damit an und lesen Sie erst später weiter.

Na, sicher sind Sie erstaunt, wie viele negative Bemerkungen, Aufforderungen und Kommandos uns im Laufe eines Tages erreichen oder von uns selbst als Botschaft ausgesendet werden. Wollen wir aber motivierend und inspirierend auf andere wirken und selbst so wenig wie möglich blockiert und frustriert werden, so müssen wir lernen, unsere Alltagssprache positiv umzustrukturieren, das heißt negative Formulierungen in positive umzuwandeln. Versuchen Sie es selbst doch einmal mit folgenden Formulierungen – das ist manchmal ganz schön kniff-lig.

Bitte notieren Sie Ihre Umformulierungen schriftlich.

Knall die Tür nicht so!	
Kein Eingang	
Na, das ist ja gar nicht schlecht!	
Das ist total falsch!	
Ach, ich hab ja so schlecht geschlafen!	
Hast du keine Ohren?	
Wegen Betriebsferien geschlossen	
Machen Sie sich keine Sorgen!	

Mögliche Lösungen finden Sie hier. Das hört sich doch gleich viel freundlicher an, *nicht wahr?*

Knall die Tür nicht so!	Bitte schließ die Tür leise!
Kein Eingang	Bitte benutzen Sie den Seiteneingang.
Na, das ist ja gar nicht schlecht!	Das ist ja (wirklich) sehr gut. Prima!
Das ist total falsch!	Interessante Lösung. Oder: Das sehe ich anders. (Das Problem ist das abwertende »total«. Hier gab es in meinen Kursen viele Diskussionen, auch über die Frage, was subjektiv richtig oder falsch ist.[6])
Ach, ich hab ja so schlecht geschlafen!	Ich hatte heute Nacht viele Träume. Oder: Ich habe über eine Stunde wach gelegen.

[6] Vgl. hierzu den amüsanten Exkurs von Paolo Coelho über Normalität als Frage des Konsens am Beispiel der Schreibmaschinentastatur und des Uhrzeigersinns. »Oder besser gesagt, wenn viele Menschen glauben, dass etwas richtig ist, dann wird es richtig.« Veronika beschließt zu sterben. Zürich 2002, S. 179.

Hast du keine Ohren?	Hör mir bitte jetzt genau zu. Besser: Sieh mich bitte an, wenn ich mit dir spreche. (In Wirklichkeit geht es hier nicht um das Hören, sondern um das Gehorchen.)
Wegen Betriebsferien geschlossen	Wir ruhen uns für Sie aus!
Machen Sie sich keine Sorgen!	Sehen Sie die Sache einmal so ... Oder: Es ist alles in Ordnung; seien Sie optimistisch.

Und nicht nur das! So erstaunlich das klingt: Sie erreichen Ihre Ziele/Intentionen leichter, wenn Sie diese positiv formulieren.

Betrachten wir dazu die Funktionsweise unseres Gehirns: Die rechte Gehirnhälfte arbeitet mit Vorstellungen und Bildern, die linke ist für die rationale Seite zuständig. Sprechen wir in »negativer Sprache«, so wird die positive Vorstellung immer mitgeweckt – in Form eines verlockenden Bildes, das aber rational gleich wieder negiert wird. Zum Beispiel evoziert ein Satz wie »Iss nicht so schnell« die Vorstellung vom schnellen Essen (als angenehme Idee). Die Verneinung wird woanders verarbeitet – nämlich unabhängig davon. Berühmtes Beispiel: »Denken Sie jetzt bloß nicht an eine weiße Maus!« Na, was passiert? Sie haben sofort das Bild einer weißen Maus vor sich, ob Sie wollen oder nicht.

Was bedeutet das für uns? Alle negativen Formulierungen verlocken gleichzeitig auch mit ihrer positiven Botschaft und machen uns das Einhalten noch schwieriger[7]. Wollen wir uns oder andere also motivieren, so nützt es nichts, sich vorzunehmen: »Ab sofort rauche ich nicht mehr« oder »Ich esse keinen Kuchen«. Das genaue Gegenteil davon wird dadurch attraktiv für unser Unterbewusstes. Also aufgepasst, wenn Sie bei Ihren guten Vorsätzen anfangen, dann fangen Sie bitte auch bei »guten Formulierungen« an!

Die erfolgreichste Art zu denken, ist, das Positive zum Stil zu machen!

Mündliche Übung: Eigenlob stimmt

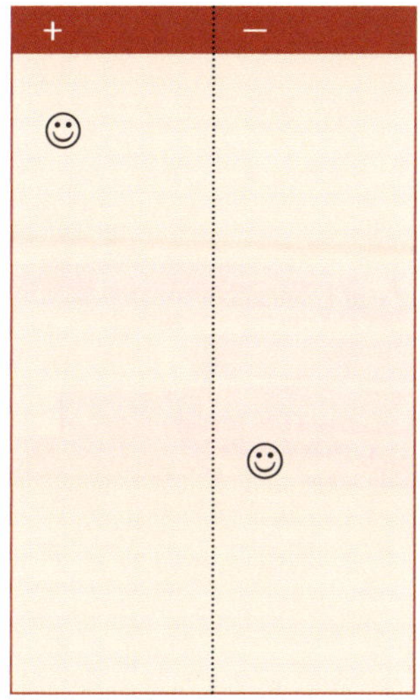

Füllen Sie Ihre Konten auf! Da unser inneres »Wertekonto« von Kindheit an voll gestopft ist mit negativen Äußerungen, sorgen wir jetzt – möglichst regelmäßig – für ein gut gefülltes Positivkonto.

Suchen Sie sich eine/n Partner/in oder – wenn Ihnen das zu brisant ist: Üben Sie erst einmal allein:

Runde 1: Eine Minute lang so viel positive Eigenschaften wie möglich nennen und zählen (lassen). Mal sehen, was passiert! Und los!

Gar nicht so einfach, oder?

Runde 2: Jetzt geht es wirklich nur noch um Eigenschaften! Also: nicht alles aufzählen, was Sie gut machen, sondern, was an Ihnen gut ist, darum geht's! Zum Beispiel:

»Ich bin … intelligent, interessant, kooperativ, ausdrucksvoll, großzügig, tolerant, aufmerksam, schön und so weiter.«

Runde 3: Jetzt dürfen Sie auch »schummeln«: Mischen Sie alles in Ihre positive Selbstdarstellung, was Sie noch nicht sind, aber gerne werden möchten, könnten, was Sie noch anstreben, sich wünschen, zu sein usw. Eine Minute Zeit. Und los! »Ich bin …«

Nun wiederholen Sie die letzte Runde (natürlich immer mit neuen Eigenschaften): Ihr/e Partner/in hat jetzt die Gelegenheit, im Anschluss an die Übung zu raten, welche der genannten Eigenschaften mehr zu den Wünschen als zu den Wirklichkeiten gerechnet werden.

Und für die Profis unter Ihnen, denen das alles viel zu leicht erscheint: Gucken Sie Ihrem/Ihrer Partner/in fest in die Augen dabei – das macht die Sache noch ein bisschen schwieriger. Viel Spaß!

Damit wir uns im Alltag jederzeit motivieren und inspirieren können, arbeiten Sie ab jetzt doch einmal mit der »Memocard«.

---

[7] Vgl. Vera F. Birkenbihl: Think: Gehirn Potential. Ravensburg 1997, S. 60 f.

> Ich fühle mich gut und sicher.
> Ich bin wichtig.
> Ich habe etwas zu sagen.
> Ich bin kompetent.

Hier können Sie all das in den Blickwinkel rücken, was Ihnen persönlich erstrebenswert erscheint und an das Sie sich immer wieder erinnern möchten – besonders vor schwierigen Situationen. Gute Orte für Memocards sind: der Badezimmerspiegel, die Ablage im Auto, der Blickfang am Arbeitsplatz und so weiter. Und wundern Sie sich nicht, wenn Sie bei Freunden oder Kollegen ähnliche Botschaften im Haus oder am Arbeitsplatz finden. Das so genannte »Ankern« ist eine gängige Methode aus dem neurolinguistischen Programmieren (NLP) und darauf basierenden Seminaren wie mentalem Training (z. B. für Sportler).

Und vergessen Sie einfach, was Sie als Kind vielleicht zu hören bekamen (»Eigenlob stinkt«), sondern leben Sie lieber nach der Devise:

> **Eigenlob stimmt![8]**

1.4 Feedback: Richtig rückfüttern

Die Kunst, überzeugend anzuerkennen

Wir wissen bereits, wie schwierig es sein kann, offen und direkt Anerkennung auszudrücken, ohne missverstanden zu werden.

Stellen Sie sich vor, eine Freundin oder ein Freund hat einen Vortrag gehalten, zu dem Sie eingeladen waren. Es hat Ihnen rundherum gefallen und nun wollen Sie das zum Ausdruck bringen. In der Regel sagen wir dann so etwas wie: »Hör mal, dein Vortrag hat mir gut gefal-

[8] Vgl. Sabine Asgodom: Eigenlob stimmt. Erfolg durch Selbst-PR. Berlin 2006.

len.« Und um dem Nachdruck zu geben, oft auch noch ein »echt« oder »wirklich« dazu – sonst könnte uns der andere ja nicht glauben, dass wir es ernst meinen. So ungewöhnlich ist das Lob nämlich, dass es für sich allein nicht bestehen kann. Also etwas wie: »Den Vortrag fand ich echt klasse, wirklich interessant.«

Damit ist nun leider nicht viel gesagt. Die oder der andere wird zwar bestätigt, aber für ein richtiges Lob fehlt noch etwas, was Mühe macht: das Würdigen im Detail. Nur durch das Detail können wir zeigen, wie viel Aufmerksamkeit wir den anderen schenken, mit wie viel Hingabe wir uns anderen (Dingen) widmen, und vor allem verabreichen wir so in kleinen Portionen »Leckerbissen«, mit denen der andere konkret etwas anfangen kann: »Feedback« eben, die Rückfütterung nach einem guten Mahl sozusagen. »Was mich besonders beeindruckt hat, ist deine bildreiche Sprache. Ich konnte mir genau vorstellen, wie ...« Oder: »Wie du schon reingekommen bist und mit allen Blickkontakt aufgenommen hast und wie frei du zwischendurch Exkurse gemacht hast, das wirkte sehr souverän und kompetent ...« Damit können die oder der Gelobte wirklich etwas anfangen und: davon können sie eigentlich niemals genug bekommen. Denn: wir alle haben unsere eigenen Fehler längst selbst bemerkt, halten uns daran fest und ärgern uns pausenlos darüber, anstatt den Blick auf das zu richten, was gut gelungen ist. Wir brauchen also nicht noch mehr »kritische«[9] Stimmen, die uns angeblich mit ihrer Kritik ja »nur helfen wollen«, sondern wir brauchen Anerkennung für all das, was wir gut geleistet haben und was am Ende oft als selbstverständlich dasteht.

»Feedback« – ein echter Leckerbissen geht bis ins kleinste Detail!

Wirklich überzeugend anzuerkennen, ist eine Kunst. Details zu loben, bedeutet zunächst, sie zu bemerken, und dann, sie in Worte zu fassen. Möchten Sie darüber hinaus noch mehr »rückfüttern«, dann stellen Sie den Gewinn für sich persönlich heraus. Sagen Sie, warum es sich gelohnt hat, zu kommen, oder was genau Sie bewegt oder erstaunt hat. »Ich glaube, ich hatte nur ein ganz vages Bild von ..., aber durch

[9] In unserem Sprachgebrauch wird das Wort »Kritik« fälschlicherweise nur als Negativkritik verwendet. »Kritik« bedeutet aber strenggenommen negative *oder* positive Kritik im Sinne einer Beurteilung, neudeutsch »Feedback«.

deinen Vortrag ist mir klar geworden …« »Dein Vortrag hat mir wirklich Mut gemacht, demnächst einmal selber …«

Wenn Sie das Ganze jetzt noch mit einem positiven Einstieg verbinden und ohne Wenn und Aber durchziehen, dann ist Ihr Lob nicht nur eine Bestätigung am Rande, sondern Verleihung von Anerkennung. Aus sportlicher Sicht wäre das etwa der Unterschied zwischen »ferner liefen« und einer Medaille.

Fassen wir das Wichtigste noch einmal zusammen:

1. **Positiven Einstieg wählen:** Bereiten Sie Ihre Gesprächspartner auf das Lob vor. Nehmen Sie sich selbst Zeit. Reden Sie in Ruhe aus, auch wenn das am Anfang etwas komisch ist. Lassen Sie sich nicht davon beeinflussen, wenn Ihr Gegenüber gleich wieder alles relativieren möchte.

2. **Detailliert loben:** Schulen Sie Ihre Beobachtungsgabe und nennen Sie dezidiert und so konkret wie möglich, was Ihnen besonders bemerkenswert erscheint.

3. **Gewinn herausstellen:** Sagen Sie, was der/die andere oder dessen/deren Leistungen für Sie bedeuten. Benennen Sie ohne Scheu, wovon Sie profitieren können. Die Tatsache, etwas im anderen bewegt zu haben, ist das schönste Lob!

4. **Loben Sie ohne Wenn und Aber:** Sie wissen es bereits: alle relativierenden oder einschränkenden Kommentare einfach weglassen, klare Sprache sprechen.

Übrigens: Sollten Sie selbst in den Genuss eines Lobes kommen, nehmen Sie es einfach an, mit einem »Danke« oder »das freut mich sehr, zu hören« oder Ähnlichem. Genauso wenig wie wir nämlich gelernt haben, zu loben, sind wir darin geübt, Anerkennung anzunehmen. Also wundern Sie sich nicht, wenn die oder der andere auf ein ehrliches Kompliment geradezu mit Scham oder Entschuldigung reagiert – wir sind es eben nicht besser gewohnt:

»Das ist ja ein wunderschöner Pullover!« »Och, der? Der ist schon ganz alt / Der war ganz billig / Den hab ich irgendwo im Vorbeigehen …« »Du siehst ja toll aus!« »Ja? Dabei fühle ich mich heute besonders schlecht / Findest du? Ich muss eigentlich längst mal wieder zum Friseur / Na ja, jetzt übertreib aber nicht!«

Und wenn Sie einmal nicht ganz so gut drauf sind, stellen Sie sich einfach vors Fenster und sagen Sie laut und mit einem Lächeln: »Guten Morgen, du schöner Tag, ich freue mich auf dich!« Sie werden sehen, so ein Satz – wie lächerlich er auch klingen mag – wirkt wahre Wunder.

1.5 Glaubenssätze

Und dann werden 1000 Träume wahr?

Sicher haben Sie schon einmal vom so genannten »positiven Denken« oder von NLP gehört, diesem fast unaussprechlichen, postmodernen Denkkonzept für Erfolgreiche und alle, die es werden wollen. Interessant für den Bereich der Kommunikation ist die Frage, inwieweit die Sprache unser Denken beeinflusst oder sogar umgekehrt: unser Denken die Sprache. Auch die vorhin beschriebene negative Weltsicht könnte Ergebnis unserer Sprache (Wortwahl) sein (die Kultur, in die wir hineingeboren werden, beeinflusst unser Denken) oder aber von unserem Denken aus Einfluss auf unsere Sprache haben (unsere negative Grundhaltung beeinflusst unser Sprechen).

NEURO LINGUISTISCHES PROGRAMMIEREN

Die einzelnen Bestandteile bedeuten:
»Neuro«: (aus: griechisch) Nerven, »linguistisch«: (aus: lateinisch) die (neuere) Sprachwissenschaft betreffend, »Programmieren«: (aus: griechisch-lateinisch) auf ein Programm (Plan, Ziel, Folge) setzen. Kurz, die in ein Wort gepackte Frage:

Wie kann ich mittels Sprache mein Gehirn programmieren? Oder:

Wie kann ich mein Gehirn so programmieren, dass es auf eine bestimmte Sprache[10] reagiert?

Betrachten Sie diese Frage vor dem Hintergrund des »Pawlowschen Reiz-Reaktions-Schemas«[11], so wird die geradezu »animalische« Dimension des Ganzen deutlich. Pawlow hatte durch Versuche mit Hunden die Möglichkeit der Konditionierung bewiesen: Klingelte jemand vor der Fütterung eines Hundes jedes Mal mit einer Glocke, so produzierte dieser nach geraumer Zeit auch dann schon Speichel im Maul, wenn gar kein Futter in der Nähe war. Das bedeutet: Programmiert man einen (in diesem Fall) Hund über längere Zeit auf ein Signal (Reiz), so knüpft er dies an eine Erwartung/Vorstellung (hier: Futter), auf die eine natürliche Reaktion (hier: Sabbern) erfolgt. Die Reaktion tritt auch dann ein, wenn nur der Reiz ausgelöst wird.

Übertragen wir dieses scheinbar harmlose Experiment auf den Menschen, so stellen sich die folgenden Fragen:

1. Gibt es auch beim Menschen natürliche Reiz-Reaktionen?
2. Kann der Mensch sich programmieren?
3. Wenn ja, wie kann er sich positiv programmieren?

Wahrscheinlich wissen Sie es schon. Sprache kann Bilder auslösen (denken Sie nicht an die weiße Maus!) und Bilder wiederum natürliche Reaktionen: Stellen Sie sich jetzt den Saft einer frisch ausgepressten, sauren Zitrone vor. Na, was passiert? Ihnen läuft das Wasser im Munde zusammen. Das ist ganz normal. Auch Menschen haben einen

»Sabberreflex« wie der Pawlowsche Hund. Und gekoppelt ist dieser an unsere Vorstellungsgabe, an Bilder.

Probieren Sie es aus, mit anderen Beispielen. Wie gut ist Ihre Vorstellungsgabe? Zum Beispiel, wenn Ihnen kalt ist und Sie sich einfach »warme Gedanken machen«. Schaffen Sie es, dass es Ihnen an einem verfrorenen Tag wirklich wieder warm wird?

Oder wenn Sie müde sind. Macht der Gedanke an ein wunderschönes Ereignis Sie wieder fit und wach? Oder wenn Sie hungrig sind, Schmerzen haben und so weiter. Wie sehr beeinflussen Vorstellungen Ihr Empfinden, erzeugen Bilder Lust oder Unlust?

Auch einfache Bilder beeinflussen unser Empfinden, selbst wenn uns das nicht immer bewusst ist. Schon drei Monate alte Babys reagieren auf ein Pappgesicht: und zwar mit einer Abwehrreaktion, wenn dies traurig ist ☹, mit einem Lächeln, wenn es ein Smiley ☺ ist[12]. Sie auch?

Unbewusst werden wir ständig »manipuliert«. Die Werbung weiß das. Die arbeitet damit. »Wer nicht lächeln kann, der sollte keinen Laden aufmachen«, sagen die Chinesen.

Und umgekehrt? Auch das kennen Sie: So wie negative Sprache bei unserem Gegenüber negative Gefühle erzeugt, so produzieren negative Gedanken und Vorstellungen in unserem Innern negative Empfindungen. Wir fühlen uns schlecht. Und nicht nur das! Unsere körperlichen Reaktionen sind geradezu auf Niederlage und Untergang programmiert: Frieren, Zittern, Müdigkeit, Blutleere im Gehirn bis hin zum Blackout, ja sogar leichte und schwere Krankheiten können das Ergebnis negativen Denkens sein. Erinnern Sie sich an die Pfeilspitzen im Körper der mit negativen Worten beschossenen Seele? Das können wir

[10] Gemeint sind hier auch Bilder, ganz im Sinne der Einleitung zur positiven Sprache.

[11] Iwan Petrowitsch Pawlow wurde durch seine Tests weltberühmt. Er studierte den angeborenen Speichelreflex von Hunden, denen beim Anblick von Futter bereits das »Wasser« im Maul zusammenläuft. Pawlow nannte das den unbedingten Reflex. Dann kombinierte er die Futtergabe mit Glockenläuten. Nach mehrmaligem Wiederholen regt schon allein das Glockenläuten die Speichelproduktion an. Pawlow bezeichnete dies als bedingten Reflex, der als »Pawlowscher Reflex« in die Geschichte einging.

[12] Vgl. Maria von Harpe: Rhetorik. Münster 1993, S. 28.

durchaus ernst nehmen. Jedes negative Wort, jeder negative Gedanke greift uns geradezu körperlich an.

Stressreaktionen waren früher einmal die Bereitstellung aller körperlichen Mittel zu ***Kampf oder Flucht.*** *Heute können wir damit nichts mehr anfangen – zum Beispiel, wenn wir in einem Stau* ***»gefangen«*** *sind.*

Körperliche Reaktionen auf Gedanken und Bilder lassen sich am besten anhand von Stresssymptomen aufzeigen. Ohne dass Sie Einfluss darauf haben, erhöht sich zum Beispiel der Blutdruck, oder es wird vermehrt Magensäure produziert, der Atem wird flach und schnell, dadurch wird das Gehirn nicht mehr mit genug Sauerstoff versorgt usw. Alles Reaktionen, die unserem Körper auf Dauer nicht gut tun und dazu führen können, dass wir uns immer schlechter fühlen, je schlechter wir denken, dass es uns geht! Das ist noch etwas mehr als die berühmte *self-fulfilling-prophecy.* Das sind die Urinstinkte, die in uns schlummern (wie Flucht bei Stress), die wir aber in unserer körperentfremdeten Welt nicht mehr »artgerecht« ausleben können.[13]

Und ob Sie's glauben oder nicht: Wir können uns sogar tot denken. Es kommt durchaus vor, dass Menschen, die sich sehr nahestehen, einander ins Grab folgen. Oder dass jemand stirbt, der sich für sterbenskrank hielt, obwohl er es vielleicht nicht war; jemand anders aber mithilfe von Placebos von einer scheinbar tödlichen Krankheit genesen konnte. Unglaublich, aber wahr? In der Forschungsliteratur zum Thema Stress wird unter anderem von einem Arbeiter erzählt, der in einem Kühlwagen eingesperrt war, von dem er glaubte, er sei in Betrieb. Am nächsten Morgen wurde er mit allen Symptomen der Erfrierung aufgefunden, obwohl das Kühlaggregat gar nicht eingeschaltet war. In einem anderen Beispiel berührte ein Monteur eine Überlandleitung, von der er glaubte, sie stünde unter Strom. Obwohl dem nicht so war, starb der Mann.[14] Ob wir diesen überlieferten Geschichten (die auch recht

---

[13] Ein typisches Beispiel dazu ist der Stau-Stress. Wenn wir von allen Seiten eingesperrt und bedroht sind (von anderen Autos, Hitze, Lärm etc.) und außerdem noch einem hohen inneren Druck unterliegen wie etwa Zeitdruck, müssten wir eigentlich entweder gegen die anderen kämpfen oder so schnell wie möglich davonrennen. Wir aber, eingesperrt in die Zwänge unserer Kultur, haben keine Möglichkeit, zu entkommen. Machen Sie sich mal ein Bild von diesem Beispiel und schauen Sie sich den Anfang des Filmes »Falling down« mit Michael Douglas an!

[14] Vgl. Johann Ceh: Keine Angst vor Prüfungen. München 1993, S. 83f.

vage belegt sind) immer Glauben schenken können oder nicht, sei einmal dahingestellt. Sie alle kennen sicher selbst Beispiele aus dem Alltag wie Erfahrungen mit dem so genannten »eingebildeten Kranken«.

Unsere Ein-Bildungs-Kraft ist ein weitaus unterschätztes Instrument, das sowohl beflügeln als auch zerstören kann. Die »Ein-Bildung«, also die Verinnerlichung eines Bildes, geschieht jedoch nicht ungeplant, unwissentlich und unwillentlich, sondern ist etwas, das ich bewusst als Kraft einsetzen kann und von dem wiederum eine große Kraft ausgeht. Diese Kraft kann sowohl auf mich selbst als auch auf andere und sogar auf Dinge wirken. Eine Kraft, die Berge versetzen kann? Vielleicht auch das. Aber wichtiger sind zunächst die kleinen Alltagsberge: Selbstzweifel, Minderwertigkeitsgefühle, überhöhte Selbstansprüche, Streit, Krisen, Krankheit, Misserfolg oder einfach nur schlechte Laune. Wenn wir diese und viele andere Dinge langsam, aber sicher mithilfe unserer Einbildung kraftvoll überwinden könnten, das wäre doch fantastisch, oder?

Der Weg dorthin führt uns über Sprache und Denken zu Vorstellungen, Bildern und unserem Unterbewusstsein. Eine Chance, uns selbst ein Stückchen besser kennen zu lernen und unser Leben so aktiv mitzugestalten, wie wir das wünschen.

Das wissen Sie ja schon: Unsere über allzu lange Jahre antrainierte negative Wahrnehmung können wir wieder verändern. Dazu müssen wir unseren Blickwinkel neu bestimmen. Es geht nicht darum, die ganze Welt plötzlich rosig zu sehen[15]. Nein, ich möchte Ihnen nur nahebringen, dass Sie dieselbe Sache wirklich immer von zwei Seiten betrachten können. So erstaunlich das auch klingen mag. Wir sind es leider gewohnt, das meiste, was wir tun oder kennen, ex negativo zu betrachten, aus dem Mangel heraus, dem »Noch-Nicht« des Etwas. Das wird besonders auffällig bei allen Lernprozessen, in Schule, Sport, Studium, Beruf usw. Wie anders wäre die Welt, wenn wir mehr das sehen könnten, was hinzukommt – als Gewinn, als Wissen, Fähigkeit und

[15] In meinen Kursen – vor allem in den Karatekursen, die ich gebe – werde ich oft gefragt, warum ich so wenig »kritisiere«. Ich kann nur ehrlich sagen, es hat mit meiner Haltung zu tun. Denn es gibt in meinen Augen kein allgemeingültiges Optimum, das zu erreichen wäre, sondern es kommt darauf an, dass jede und jeder das für sie/ihn persönlich mögliche Beste gibt und sich nicht nach dem Maßstab anderer richtet.

dergleichen. Stattdessen aber bezichtigen wir nur uns selbst und andere, dass wir dies und jenes noch nicht können, dass wir zwar Abitur haben, aber kein abgeschlossenes Studium, Examen, aber keinen Doktortitel, eine Stelle, aber nicht gut genug bezahlt, ein Auto, aber noch zu klein, nur eine Wohnung und kein Haus. So drehen wir uns zeit unseres Lebens um ein »Schneller-höher-weiter«, nur weil wir es nicht gelernt haben und nicht gewohnt sind, die Dinge aus dem Wachstum heraus, aus dem Werden und Entstehen zu begreifen, und weil wir nicht sehen können, dass Erfüllung nur davon abhängt, wie sehr wir selbst uns als erfüllt im Augenblick betrachten.

Ein schweres Kapitel, kurz gemacht: Es gibt kein gutes und kein schlechtes Wetter. Wir haben gelernt, dass trocken + Sonnenschein = gut ist, Regen, Wind und Kälte = schlecht sind. Denken wir um, so wissen wir: Für die Natur ist das ganz anders. Für die Ernte ist unser schlechtes Wetter gut, für andere Völker, Regionen und Erdteile ist unser gutes Wetter schlecht und so weiter. Unser Denken und Empfinden (!) von »gut« und »schlecht« (juhu, die Sonne scheint, oje, es regnet) ist gesellschaftlich antrainiert und kann genauso gut wieder um- oder neu gelernt werden.[16] Wir können in allen Bereichen unseres Lebens, im Kleinen wie im Großen, üben, alte Muster zu durchbrechen, negative Einbildungen auf ein Minimum zu beschränken und uns selbst und anderen über positive Wahrnehmungen und Einbildungen Kraft schenken.

Erfüllung ist (auch) eine Frage der Betrachtung.

Damit tun wir im Grunde nichts anderes, als ohnehin schon unbewusst funktionierende Mechanismen bewusst einzusetzen. Womit die Werbung so erfolgreich arbeitet, um uns zu Konsum zu verführen (»Glücksbilder« erzeugend), damit können wir selbst arbeiten, um uns ein erfülltes und zufriedenes Leben zu gestalten. Die Anwendung der Grundgedanken des NLP liegt in Ihrer Hand. Oft wird von Miss-

[16] Auf die neutrale Frage: Wie macht sich das Wetter bei Ihnen vor allem bemerkbar? antworten 40% mit »schlechte Laune/Stimmung«, 13,7% mit »mehr/weniger Aktivität«, 13,7% mit »körperliche Beschwerden«, 13,0% mit »Lustlosigkeit, Antriebslosigkeit«, 9,5% mit »Müdigkeit«, 9,1% mit »bedrückt, traurig, depressiv«, und nur 9,1% ganz am Schluss mit »gute Laune bei gutem Wetter«! (Quelle: Forsa, Juli 2001). Das heißt, obwohl die Frage neutral gestellt ist, sind die meisten Antworten negativ.

brauch dieser Techniken gesprochen, weil die Anwendung von NLP keine ethischen Grenzen kenne. Nun, das bleibt jedem selbst überlassen. Sie können positives Denken einsetzen, um mehr zu verkaufen (etwa im Geschäftsleben), mehr zu leisten (im Sport z. B.), mehr Erfolg zu haben (wie im Management), Menschen zu helfen oder zu heilen (in Psychoanalyse und Medizin), zu manipulieren (in Werbung, Politik, Religion) oder einfach nur, um schneller eine Sprache zu lernen (Superlearning), sich das Rauchen abzugewöhnen oder aber, sich einen Lebenstraum zu erfüllen. Was genau für Sie Erfolg ist, das können und müssen Sie selber entscheiden. Schön wäre es, wenn »positives Denken« dazu beitragen würde, den Menschen mehr Kraft und Anerkennung im Alltag zu schenken, und sie unterstützte, ihr Schicksal selbst in die Hand zu nehmen und einen echten Durchbruch zu erzielen: 1000 Träume werden wahr, wenn wir sie selber wahr machen.

2. Selbstausdruck und Körpersprache

2.1 Nehmen Sie Raum ein!

Der Weg zum sicheren Auftritt

Kennen Sie das? Sie gehen in einen öffentlichen Vortrag, dessen Thema Sie wirklich interessiert, aber schon nach den ersten Minuten sind Sie gelangweilt und fragen sich, warum Sie heute Abend nicht etwas Netteres geplant haben. Dafür kann es viele Gründe geben, zum Beispiel, wie das Thema insgesamt präsentiert wird. Entscheidend jedoch für Ihre Aufmerksamkeit ist vor allem der erste Eindruck. Manche Referenten hat man gar nicht hereinkommen gesehen, Sie sind zwar anwesend, aber der Raum bleibt laut und unruhig. Andere wieder haben vom ersten Moment an unsere volle Aufmerksamkeit und gerade bei denen bleibt's dann meistens auch spannend bis zum Schluss. Wie kommt das?

Nun, es ist nicht schwer, den Unterschied zwischen sicherem und unsicherem Auftreten oder Hereinkommen durchzuspielen: Selbstsichere Referenten stehen »fest auf beiden Beinen« (Haltung), nehmen möglichst mit allen Zuhörern Blickkontakt auf (Blick), ihre Gestik steht in Einklang mit dem Gesagten, die Mimik ist (mindestens am Anfang und am Ende) freundlich und verbindlich, die Stimme klar und dynamisch. Unsichere Personen stehen unruhig und verlegen da, richten ihren Blick gern zu Boden, verraten hohe Anspannung im Gesichtsausdruck und zittern oft mit Händen und in der Stimme. Wie schrecklich! Wahrscheinlich haben das alle von uns irgendwann schon einmal selber erlebt und sich dann womöglich geschworen, nie mehr einen Vortrag zu halten.

Entscheidend über all diese Faktoren hinaus ist die Art und Weise, wie Sie in den Raum hineinkommen. Denn:

Die Art und Weise, wie Sie in den Raum hineingehen, zeigt, wie viel Raum Sie sich und Ihrem Thema selber geben. Je mehr Raum Sie sich geben, desto mehr Raum werden Sie vom Auditorium bekommen!

Den Raum betreten heißt: Raum einnehmen.

Machen wir hierzu gleich eine Übung. Am besten haben Sie jetzt ein Auditorium zur Verfügung. Wenn nicht, müssen Sie sich die anderen zunächst vorstellen. Außerdem brauchen Sie einen möglichst großen Raum und einen Begrüßungssatz.

☺ Übung

Betreten Sie jetzt auf zwei verschiedene Arten den Raum, indem Sie von draußen hereinkommen:

1. Sie öffnen die Tür zaghaft, blicken kaum auf, halten sich an der Türklinke fest, sehen nur den schmalen Weg zu Ihrem Platz, ergreifen einen Stuhl und sagen verlegen und ohne viel Blickkontakt Ihren Begrüßungssatz.

2. Sie atmen draußen vor der Tür tief durch, sagen sich einen Ihrer schönsten »Memocard-Sätze« und lächeln. Dann öffnen Sie aktiv und dynamisch die Tür und treten ein. Blicken Sie einmal kurz durch den Raum, um ihn in seinen ganzen Ausmaßen aufzunehmen. Schließen Sie die Tür, gehen Sie aufrecht und offen zu Ihrem Platz und nehmen Sie nun oder schon währenddessen Blickkontakt mit dem Auditorium auf. Stellen Sie sich fest auf beide Füße, blicken Sie freundlich in die Runde und sagen (erst jetzt!) mit offener Gestik und einem Lächeln einen positiven Begrüßungssatz.

Bereiten Sie einen strahlenden Auftritt vor!

Na, wie fühlt sich das an? Im ersten Fall fühlen wir uns allein durch die Haltung und die daraus entstandene Atmung und den gesenkten Blick klein, unscheinbar, unwichtig, mies. Und genau das wirkt sich auf die anderen aus. Wenn die uns so sehen, nehmen sie uns nicht ernst. Es ist übrigens die typi-

Vermeiden Sie die typische »Opferhaltung«!

sche Opferhaltung, wie sie im Gegensatz zur selbstbewussten (Schutz)-Haltung genannt wird. Menschen, die diese Haltung einnehmen, sind nachweislich potenzielle Opfer von Gewaltverbrechen.[17] Andere Menschen, die eine solche Haltung sehen, neigen dazu, sich »überlegen« bis hin zu angriffslustig zu fühlen. Bei einem Vortrag hat diese Haltung wenigstens zur Folge, dass niemand sie ernst nimmt. Schlimm genug!

Wie ganz anders fühlt sich das an bei Version 2. Hier kommt es richtig zu einem »Auftritt«. Sie bestimmen das Tempo, sie bestimmen den Raum, der später auch Ihren Worten gehören wird. Sie bewegen sich nicht auf dem kleinen schmalen Pfad der Unsicherheit und Unterlegenheit, sondern Sie beziehen allein durch Ihre Haltung und »Aus-Strahlung« alles mit ein, was in Ihrer Reichweite ist. Sie verschaffen sich Raum und Gehör, Aufmerksamkeit und eine positive Grundstimmung: Ihr Lächeln erzeugt nicht nur bei Ihnen selbst einen Endorphinschub, sondern auch bei Ihrem Publikum ein gutes Gefühl. ☺ So können Sie Ihren Redebeitrag optimal beginnen: verbindlich, offen und selbstüberzeugt. Die schwierigsten Minuten eines jeden »Auftritts«, nämlich die ersten, sind damit glücklich überwunden.

Üben Sie nun »Auftritt Nr. 2« mindestens dreimal. Machen Sie bewusst die einzelnen Schritte (nicht zu schnell »durchjagen«), nehmen Sie sich Zeit für sich und Ihren großen Augenblick. Üben Sie so lange, bis Sie selbst wirklich ein zufriedenes und sicheres Gefühl haben. Nur so können sich auch Ihre Zuhörer zufrieden und sicher fühlen.

Nehmen Sie in Zukunft alle Möglichkeiten wahr, um zu üben: zum Beispiel auf der Arbeit, wenn Sie das Büro betreten, in dem vielleicht schon Ihre Kollegen sitzen: optisch Raum einnehmen, Blickkontakt aufnehmen, mit klarer, freundlicher Stimme die Anwesenden begrüßen, aktiv »Platz nehmen«. Andere Situationen bieten sich etwa, wenn Sie ein Wartezimmer betreten oder wenn Sie zum Sport gehen und in den Umkleideraum kommen. Auf jeden Fall aber sollten Sie immer dann üben, wenn ein wichtiger Auftritt bevorsteht: eine Prü-

---

[17] Es handelt sich hier um Erkenntnisse aus der feministischen Selbstverteidigung. Vgl. Sunny Graff: Mit mir nicht! Selbstbehauptung und Selbstverteidigung im Alltag. Orlanda, Berlin 1995.

fung, ein Konflikt- oder Vorstellungsgespräch und Ähnliches. Nehmen Sie die wichtigen und scheinbar unwichtigen Gelegenheiten wahr, um sich selbst in Alltag, Freizeit und Beruf mehr Raum zu geben. Das gibt Ihnen und anderen auf Dauer ein besseres Gefühl.

Warum ist diese Übung so wichtig? Schauen wir uns Statistiken zur Wirkung von Reden an, zeigt sich Erstaunliches: Einige Studien gehen davon aus, dass sich 100% Ausdruck in 50% nonverbale und 50% verbale Sprache aufteilen,[18] also dass Blick, Mimik, Haltung, Gestik, Stimme usw. genauso viel Einfluss auf mein Gegenüber haben wie sprachliche Struktur, Argumentation, Aussagewert und anderes Inhaltliche. Bei Überzeugungsreden wie etwa Wahlkampfreden liegen sogar 55% der Wirkung in Haltung, Gestik und Blickkontakt, 38% in der Klangfarbe und dem Tonfall der Stimme (!) und nur 7% im Redeinhalt.[19] Der Artikel »Spielregeln für sicheres Auftreten« der Zeitschrift »fit for fun« behauptet sogar auf die Frage: »Was bestimmt den ersten Eindruck?«, ausschlaggebend seien:

59% Aussehen, Kleidung, Haltung, Gestik, Mimik

38% Sprechgeschwindigkeit, Stimmlage, Betonung und Modulation

3% Inhalt

59% Aussehen, Kleidung, Haltung, Gestik, Mimik! Denken wir daran, wie sehr wir andere durch Aussehen beeindrucken oder umgekehrt sie uns, dann wissen wir auch, warum das Thema Mode in allen Kulturen und zu allen Zeiten eine so wichtige Rolle spielt: Kleider machen nun einmal Leute. Und was die Sprechgeschwindigkeit betrifft: Wir wissen genau, wie anstrengend das bei anderen Menschen ist, und machen es doch selber oft genug falsch, wenn wir vor lauter Aufregung viel zu schnell sprechen. Niemand hört uns dann wirklich noch zu,

[18] Vgl. von Harpe, S. 23.

[19] Albert Mehraban: Silent Messages. Wadsworth 1971. Zitiert nach von Harpe, S. 24.

niemand kann uns dann noch folgen. Haben wir das unbewusst vielleicht zum Ziel? Nach dem Motto: schnell reden, dann ist es schnell vorbei und außerdem können die Leute auch nichts fragen, wenn Sie mich nicht richtig verstehen?

Und wie sehr wir allein durch unsere Stimmlage den Inhalt eines Satzes verändern können, das haben wir schon am Beispiel negativen Sprechens gesehen: »Das hast du ja wieder toll gemacht!« Da schrumpft der Inhalt auf einen »Anstandsrest« zusammen.

Auf welche Quellen wir uns auch stützen: Der mindestens 50 %ige Einfluss der so genannten nonverbalen Kommunikation ist unumstritten. Das bedeutet für uns nicht, dass wir uns jetzt zu jeder passenden und unpassenden Gelegenheit wie in einem Theaterstück verkleiden und verstellen sollen, sondern dass wir der Einheit von Körper, Geist und Seele Aufmerksamkeit schenken, damit wir aus uns selbst heraus überzeugend wirken können.

> Nur wenn wir von dem, was wir tun, sagen und was wir sind, selber überzeugt sind, können wir auch überzeugend sein.

Rhetorik bedeutet für mich nicht, mit bestimmten Tricks zu *arbeiten,* um damit *besser* zum Ziel zu kommen, sondern ein möglichst hohes Maß an »In-Einklang-Stehen« zu erreichen. (Damit ist diese Form der Rhetorik für jede Art von Werbung, Propaganda oder politischen Überzeugungsreden im Prinzip unbrauchbar. Wer wirklich mit seiner ganzen Persönlichkeit hinter dem steht, was er tut und sagt, ist hier meistens am falschen Ort. Rhetorik ist dann die Kunst, zu verschleiern, beschönigen und verbergen. Und nur wer gleichzeitig die Kunst des Selbstbetrugs beherrscht, wie viele unserer Politiker, der kann dann noch sozusagen aus einem »ganzheitlichen Ansatz« heraus überzeugend wirken.)

Für uns »Normalsterbliche« ist ganzheitliche Rhetorik eine Übung für Alltag, Freizeit und Beruf. Ob wir um eine Gehaltserhöhung anfragen, den Elektroartikel an der Kasse umtauschen wollen oder zum Elternsprechtag in die Schule gehen: Immer kommt es darauf an, mit welcher Überzeugung wir uns präsentieren – und zwar in Abhängigkeit davon, wie sehr wir selbst von uns und unserem Handeln überzeugt sind. Dabei geht es vor allem darum, die uns unser Leben lang von anderen und uns selbst angedichteten Schwächen, Gefühle der Rechtlosigkeit[20], Minderwertigkeit etc. abzulegen und Platz zu machen für neue Muster:

Das kann ich gut. Das bin ich wert. Da bin ich mir sicher.

Das heißt: Sind Sie überzeugt von und fühlen sich wohl mit dem Inhalt Ihrer Rede, dann kommt im Grunde genommen alles andere ganz von allein: Sie bewegen sich locker, die Stimme bewegt sich mit, Sie lassen sich nicht aus der Fassung bringen, Sie reagieren spontan und witzig und Sie »stehen gut da«. Das alles funktioniert aber nur vor dem Hintergrund der Selbststärkung. Wir können unser Ich so stabilisieren, dass wir auch in kritischen Situationen nicht unnötig an uns zweifeln und uns selbst runtermachen – also vor allem mittels positiver Sprache uns selbst positiv programmieren und motivieren. Und wie bei allem, was neu ist, müssen wir üben, üben, üben. Nicht das Wissen hilft im Zweifelsfall weiter, sondern nur das, was Sie geübt haben.[21]

Deshalb kommen im nächsten Kapitel noch einmal die wesentlichen Ausdruckskriterien im Überblick.

[20] Auffällig ist zum Beispiel, dass bei einem versuchten Umtausch das Verkaufspersonal sehr oft darum bemüht ist, uns einzureden, wir selbst hätten einen Fehler gemacht (falsch zusammengebaut, Bedienungsanleitung nicht gelesen, falsches Zubehör, falsche Handhabung etc.). Am Ende glauben wir vielleicht selber daran und haben nicht mehr die »Überzeugungskraft«, die wir eigentlich für einen Geld-zurück-Umtausch bräuchten.

[21] Wir behalten: ca. 10 % von dem, was wir lesen, ca. 20 % von dem, was wir hören, ca. 30 % von dem, was wir sehen, ca. 50 % von dem, was wir hören & sehen, ca. 70 % von dem, was wir selber sagen, ca. 90 % von dem, was wir selber tun! Vgl. hierzu auch Jürgen Hüholdt: Wunderland des Lernens. Lernbiologie, Lernmethodik, Lerntechnik. Bochum 1994.

2.2 Sicheres Auftreten automatisieren: Volle Präsenz

Haltung, Blickkontakt und Stimme

Aus der feministischen Selbstverteidigung und Selbstbehauptung habe ich einen Ansatz übernommen, der nicht nur in Konfliktsituationen und bei (physischen) Konfrontationen greift. Danach sind in Momenten der Bedrohung drei Dinge ganz wesentlich: Haltung, Blickkontakt und Stimme. Einen Angriff auf meine Person kann ich nur dann überzeugend abwehren, wenn ich

Selbstbehauptung und Selbstverteidigung beginnen mit Haltung, Blickkontakt und Stimme.

1. eine selbstbewusste, starke Haltung einnehme, die mir zugleich erlaubt, meinen Atem normal fließen zu lassen, dafür sorgt, dass ich in meiner natürlichen Größe erscheinen kann[22], und signalisiert, dass ich »zu dem stehe, was ich sage«;

2. durch direkten Blickkontakt signalisiere, dass ich bereit bin, der »Gefahr ins Auge zu sehen« und das, was ich zu meinem Gegenüber sage, wirklich ernst meine;

3. mit lauter, klarer Stimme dafür sorge, dass ich gehört werde – sowohl dem Angreifer als auch möglichen Helfern gegenüber. Außerdem stärkt »Stimmgewalt« mein eigenes Selbstbewusstsein.

Genau diese drei Elemente sind auch wichtig für Überzeugungskraft in alltäglicher Kommunikation.

Die Haltung: ist dieselbe wie die »Bereit-Stellung« in den Kampfkünsten, wie die Grundstellung in der Bewegungsmeditation (Tai Chi, Qigong u. a.), in der Rückenschule sowie in der Stimm- und Sprechschulung und im Gesangsunterricht: Beide Füße sind etwa schulterbreit fest am Boden, die Knie locker, die Wirbelsäule wie an einem seidenen Faden aufgerichtet bis zum Scheitel, der Brustkorb ist offen, die Schultern sind locker; insgesamt ist der Körper zentriert und ausbalanciert. Diese Haltung gibt Sicherheit und Ruhe und sorgt dafür, dass der Atem – unsere wichtigste Verbindung zur Außenwelt – ruhig fließen kann.[23]

Bei dieser Haltung erübrigt es sich, auf die vielen *Does and Don'ts* der traditionellen Rhetorik zu achten (verbotene Zeigefinger, so genannte »Prinz-Philip-Haltung«, Spielen mit Gegenständen etc.). Das lenkt Sie nur ab und führt schlimmstenfalls dazu, dass Sie sich wäh-

[22] »Angst«, etymologisch verwandt mit dem Wort »Enge«, erzeugt eine zusammengefallene, »unterwerfende« Haltung, schnürt damit den Atem ab (Brustatmung statt Bauchatmung), unterbindet so auch meine Stimmkraft und führt insgesamt dazu, dass ich mich auf kleinstem Raum zusammenziehe (typische »Angsthocke«) – also genau das Gegenteil von: Raum einnehmen, nämlich »Raum abgeben« an jemand anders. Das bedeutet schließlich Identitäts- und Kontrollverlust.

[23] Vgl. auch: Körperhaltungen analysieren und verbessern: Look@yourself – work@yourself von Christian Larsen, Claudia Larsen, Stuttgart 2008.

rend Ihrer Ausführungen aufspalten in zwei Personen: eine, die spricht und denkt, und die andere, die sich selbst dabei beobachtet und kritisiert. In einem solchen Rollen-Wechsel-Spiel kann die volle Aufmerksamkeit nicht bei den Zuhörenden sein und Sie verlieren mit der Konzentration auch Ihre Überzeugungskraft. Also: nicht zu viel Regeln im Kopf haben, sondern immer wieder auf den sicheren Stand achten (der übrigens durchaus auch bewegt sein kann und soll) und die Gestik ergibt sich frei aus dem Sinn des Gesagten.

100 % Ausdruck

Ca. 50 % nonverbale Sprache	Ca. 50 % verbale Sprache
1. Haltung und Gestik Haltung: »Tai-Chi-Stand« Gestik: frei aus der »Mitte des Gesagten« **2. Blickkontakt und Mimik** Raum (wahr)nehmen, Raum öffnen: lächeln, Blickkontakt mit möglichst vielen »Dialogpartnern« **3. Stimme und Modulation** Zeit nehmen Konzentration und Artikulation Atem, Atempausen	**Fünf Stufen zum Aufbau einer Rede** (siehe »Klassische Rhetorik«) 1. Aufmerksamkeit 2. Thema nennen 3. Begründung/Beweise 4. Demonstration, Illustration 5. Ziel, Folgerung, Tun, Anstoß

Blickkontakt und Mimik: Öffnen Sie Ihren Vortrag oder Ihr Gespräch immer mit einem Lächeln. Sie lösen damit einen natürlichen Reflex aus, der auch bei Kleinkindern schon beobachtet werden kann.[24] Sogar in der Auslage von Uhrengeschäften werden die Zeiger so eingestellt, dass ein freundlicher Bogen erscheint und kein grimmiger, also lieber 10 nach 10 als 20 nach 8! Mit diesem »Smiley-Effekt« wird überall auf der Welt gearbeitet, vor allem in der Werbung. Und auch Sie sprechen mit Ihrem Vorhaben eine Zielgruppe an. Außerdem hilft es Ihnen selbst, denn Sie werden merken, dass Sie mit einem auch noch so erzwungenen Lächeln in eine gute und freundliche Stimmung kommen. Ein Lächeln, genauso wie fröhlicher Gesang, löst im Körper die Produktion von Glückshormonen aus, mit denen Sie wiederum auf andere wirken. Nur in der Selbstverteidigung und Selbstbehauptung ist das Lächeln verboten. Hier würde ein Lächeln die Ernsthaftigkeit des Gesagten zurücknehmen und Unsicherheit und Unterwürfigkeit signalisieren.[25]

In diesem Zusammenhang spielt die ***Stimme*** eine ganz wesentliche Rolle[26]: Ein unsicheres und nörgeliges »Lass mich los« hat auf Ihr Gegenüber eine ganz andere Wirkung als ein standfestes klares und deutliches »Nein«. Diese und andere Erfahrungen können Sie hervorragend in einem WenDo-Kurs oder einem anderen Selbstverteidigungskurs ausprobieren. Auch in den Kampfkünsten kommt es in besonderem Maße auf die Stimmkraft an, wenn sich die Energie im Augenblick der größten Konzentration mit der Bewegung im so genannten »Kiai« (Zusammentreffen, »ai = Harmonie«, von Chi-Energie) entlädt. Leider trainieren wir unsere Stimme im Alltag nicht sehr viel. Die Stimme hat ein reiches Spektrum an Möglichkeiten in sich, die unseren Gesamtausdruck und Eindruck bedingen. Besuchen Sie doch einmal einen Gesangsworkshop, in dem auch Stimmimprovisation angeboten wird, singen Sie, wenn Ihnen danach ist, und sprechen Sie ruhig mit sich selbst, wenn Sie sich besonders motivieren möchten. Es gibt eine ganze Reihe von Fachliteratur und speziellen Kursen, in denen Sie erfahren können, wie sehr Stimme und Stimmung einander beeinflussen. Und natürlich beeinflussen Sie damit auch Ihr Gegenüber. Grundsätzlich gilt: Je mehr Ihre Stimme in »Einklang« mit dem Sinn des Gesagten ist, je abwechslungsreicher und dynamischer (im Gegensatz zu monoton oder pastoral) sie eingesetzt wird, desto mehr fesseln Sie Ihr Gegenüber.

Textrhythmus und Sprechtempo

Fesseln bedeutet auch: Überschätzen und überfordern Sie Ihr Publikum nicht! Lassen Sie ihm so viel Zeit, wie Sie selber brauchen,

[24] Vgl. von Harpe, Rhetorik, S. 28.

[25] In meinen Kursen zeigt es sich oft, dass Frauen jede Form von Selbstbehauptung gleichzeitig mit einem Lächeln entschuldigen und nicht so böse und ernst dabei aussehen möchten, während es umgekehrt eher verpönt ist, ein Anliegen mit einem (»künstlichen«) Lächeln zu eröffnen.

[26] Vgl. hierzu Mary Hartley: Der Ton macht die Musik. In: Wer ist mein Freund – wer ist mein Feind? Körpersprache richtig deuten und gekonnt anwenden. Zürich 2008, S. 83f.

wenn Sie Ihre Gedanken das erste Mal denken. Nehmen Sie Ihr Publikum langsam hinüber in Ihre Gedankenwelt. Das heißt vor allem am Anfang: Geben Sie sich und den anderen Zeit, um erst einmal in dieser Situation anzukommen, und dann: Sprechen Sie langsam! Machen Sie viele und bewusste *Pausen*. Denkpausen sind unbedingter Bestandteil von etwas Gesagtem oder Getanem. Die meisten Menschen reden gerade bei Vorträgen nicht publikumsfreundlich, sondern zu schnell und ohne Punkt und Komma.[27] Dahinter steht oft der Anspruch, mit all seinem Wissen oder Begehren in seiner ganzen Komplexität auftreten zu wollen. Aber hier ist *less* wirklich *more*. Haben Sie *Mut zur Lükke*. Sie müssen nicht alles sagen, was Ihnen auf dem Herzen liegt oder wonach Ihnen der Sinn steht. Im Gegenteil: Machen Sie das Publikum neugierig, indem Sie manches ruhig offen lassen, niemals aber zu viel voraussetzen. Auch die scheinbar einfachen Dinge können erklärt werden. Sie sollen sich nicht vor den anderen produzieren, sondern mit ihnen in einen produktiven Prozess eintreten, der ein gemeinsames Nachdenken und Verstehen zum Ziel hat. Und dazu gehören unbedingt die Pausen. Auch wenn Ihnen manchmal eine Pause wie eine Ewigkeit vorkommt, halten Sie es aus, ja, genießen Sie es! Auch das können Sie üben. Und sogar, wenn die Pause in Gesprächssituationen gern von anderen ausgenutzt wird, um selbst das Wort zu ergreifen: Pausen geben Ihrem Gesagten Gewicht. Lassen Sie sich nicht aus dem Konzept bringen, sagen Sie, dass Sie noch nicht fertig waren, und setzen Sie stur mit dem Gedanken wieder ein, bei dem Sie stehen geblieben sind. Pausen geben Ihnen körperlich und geistig den notwendigen Raum für Atempausen, die sowohl Sie selbst als auch Ihr Publikum brauchen.

Und hier machen wir jetzt eine Pause.

[27] Oft kommt dabei auch die genaue Artikulation, vor allem von Fremdwörtern, zu kurz. Manchmal scheint es mir, dass die häufige Benutzung und das schnelle Heruntersagen von Fremdwörtern eher dazu dienen, das Gemeinte zu verschleiern, als zu erklären. Es ist keine Kunst und oft nur ein lächerliches Stilmittel, etwas Einfaches kompliziert auszudrücken.

2.3 Pause

Wecke das Chi

Stellen Sie sich in die als »Tai-Chi-Haltung« beschriebene Grundposition: Füße schulterbreit und Augen schließen. Verlagern Sie jetzt das Gewicht des Körpers vom Ballen auf die Ferse und umgekehrt – so weit, dass Sie gerade nicht umfallen. Suchen Sie die Mitte unterhalb

Ihres Fußes und kommen Sie auf ihr zum Stillstand. Gehen Sie nun in Gedanken den Körper hinauf: Knie locker, Becken mittig (zwischen Rundrücken und Hohlkreuz austarieren), Brustkorb weit, Schultern und Arme locker, Scheitelpunkt zum Himmel gestreckt, Kinn leicht angezogen.

Beobachten Sie Ihren Atem. Atmen Sie durch die Nase ein und durch den Mund aus, so lange, bis Sie wieder wie von selbst einatmen. Dann heben Sie Ihre Arme wie an seidenen Fäden am Handgelenk gezogen vor dem Körper bis auf Schulterhöhe. Hände und Ellbogen hängen dabei entspannt herunter. Nun führen Sie die Bewegung – mit den Handgelenken als Zugkraft – wieder zurück. Atmen Sie ein, wenn Sie die Arme nach oben führen, und aus nach unten. Erden Sie sich, bleiben Sie fest auf den Füßen, kommen Sie in Ihrer Mitte an.

Machen Sie diese Eröffnungsbewegung aus der Tai-Chi-Form möglichst regelmäßig. Sie hilft Ihrem Körper, sich immer wieder an die Grundhaltung zu erinnern. Gerade vor oder nach stressigen Ereignissen, wie Vorträgen, Konferenzen etc., stärkt diese Übung Ihre Konzentration, unterstützt Ihre Atmung und bringt Sie zu Ihrer Mitte zurück.

3. Klassische Rhetorik

3.1 Machen Sie neugierig!

Warum sollte ich mich für die Herstellung von Sojasaucen interessieren?

Aufmerksamkeit erzielen. Das war und ist das oberste Ziel der Werbung. Aus einer Flut von Plakaten, Werbespots, Zeitungsanzeigen, Spontanartikeln, Tonbandansagen im Supermarkt usw. muss sich eine gelungene Werbung herausheben. Daraus ist in den letzten hundert Jahren ein ganzer Wirtschaftszweig entstanden: Marketing. Was kann ich tun, damit die Kunden genau auf mein Produkt aufmerksam werden und dann so fasziniert bleiben, dass sie meiner Werbebotschaft bis zum Ende folgen? Die »besten Werbespots aller Zeiten«, die regelmäßig im Fernsehen zur Unterhaltung gezeigt werden, zeugen vom Einfallsreichtum dieser Branche.

Interessant ist, dass sich die Reklamespezialisten ganz altbewährter Mittel bedienen, nämlich der Poesie und der Rhetorik. Sowohl die Dichtkunst als auch die Redekunst der alten Griechen sind eine erlernbare Kunst – und zwar durch das vielfältige Einsetzen von Stilmitteln. Ob Metapher, Inversion oder Alliteration – die Klassiker der Stilmittel finden sich genauso im kunstfertigen literarischen Produkt wie in der politischen Überzeugungsrede und in der Werbesprache!

Das beginnt mit einfachen Reimstrukturen (»Haribo macht Kinder froh …«) und Klangmustern wie »Bitte ein Bit« (Bitburger) oder Verfahren der Lautwiederholung (»Pack den Tiger in den Tank«, Esso), wobei hier auch noch semantische Unverträglichkeiten (einen Tiger im Tank) für zusätzliche Aufmerksamkeit sorgen. Das Ganze geht über Litotes (doppelte Verneinung) und den Einsatz variierter Redensarten (»Nichts ist unmöglich«, Toyota, »Weniger ist leer«, Brot für die Welt) bis zum Kopieren ganzer Textsorten (»Man nehme ... Dr. Oetker«, Textsorte: Rezept).

Was bedeutet das für den Aufbau Ihrer Rede, Ihres Statements oder Ihrer schriftlichen Stellungnahme? Wenn Sie glauben, dass Sie mit Ihrem Text fertig sind, dann beginnt erst die Arbeit an seiner publikumswirksamen Gestaltung. Das heißt, Argumentation, Demonstration und Illustration sind zwar die Herzstücke Ihres Unternehmens, gelingen aber nur, wenn Sie diese wirtschaftlich durchdacht geschickt präsentieren und platzieren. Das wird Ihre geradezu künstlerische Herausforderung sein. Dabei geht es nicht darum, künstlich althergebrachte rhetorische Stilmittel in Ihrem Text anzubringen, sondern den Text als Ganzes zu einem Kunstwerk zu formen, das sowohl von einem roten Faden durchzogen als auch von einem großen Spannungsbogen getragen wird.

Beispiel: Normalerweise interessiere ich mich nicht besonders für die Herstellung von Sojasaucen. Aber beim Durchblättern einer Biozeitschrift bin ich stutzig geworden:

»Haben Sie schon einmal versucht, Ihr eigenes Bier zu brauen? – Nein, natürlich nicht! Auf diese Idee kommen wohl auch die wenigsten, weiß doch jeder (Biertrinker oder nicht), dass die Bierbrauerei nicht nur ein Produktionsprozess ist, sondern eine wahre Kunst. Und dafür braucht es Zeit.

Ähnlich schwierig oder auch raffiniert, je nach Blickwinkel, ist die Herstellung einer guten Sojasauce ...« (Schrot & Korn 10/2001, Katharina Landorff: Sojasaucen).

Nun folgt ein längerer Text über ein Thema, auf das ich nicht angesprochen hätte, wenn mich nicht der Textanfang neugierig gemacht hätte. Wie hat die Autorin das erreicht, obwohl ja der schmucklose Titel »Sojasaucen« mich hätte warnen können? Nun, sie hat Bezug genommen auf ein bekannteres Phänomen (Bier brauen), das in Deutschland sehr viele Menschen, nämlich Biertrinker, anspricht, und die etwas verrückte These vom Selberbrauen in den Raum gestellt. Was dann folgt, ist in der Stilistik nichts anderes als ein profaner Vergleich: »Ähnlich schwierig oder auch raffiniert ...« Das bekanntere Phänomen, nämlich Bierbrauen, wird mit dem unbekannteren Verfahren der

Sojasaucenherstellung verglichen. Also kein ausgefallener rhetorischer Trick, sondern eine einfache Technik, die aber hier so geschickt auf das Textganze angewandt wird, dass sie dem höchsten Ziel des Marketings gerecht wird: Aufmerksamkeit erzeugen.

Geradezu kriminalistisch spannend beginnt die Glosse »Kleine Geschenke«, so dass wir trotz Nachrichtenflut im Regionalteil der Tageszeitung genau hier hängen bleiben:

»Kein Ausweg mehr. Todesmutig stellt sich das gehetzte Tier dem Kampf, es bäumt sich auf und bleckt die Zähne. Wäre es nur ein bisschen größer als drei Zentimeter, Brigitte würde sich fürchten. So hat sie Mitleid. Sie greift die Maus und trägt sie ins Freie. Die Katze guckt beleidigt. Keiner würdigt ihre Mitbringsel ...« (Ariane Stech, Bonner General-Anzeiger I/2006).

Es folgen Ausführungen über die verschiedenen Sorten von »Mitbringseln« und endet mit dem erstmaligen direkten Bezug auf den Titel, als die Katze mit einem Blatt nach Hause kommt, aus dem eine Nacktschnecke kriecht: »Erst nett verpackt macht ein Geschenk so richtig Freude.«

Wahr ist, dass auch diese Autorin das Schreiben zum Beruf gemacht hat und wir nicht dieselbe Kunstfertigkeit von uns erwarten dürfen, oder doch? Ich glaube, dass es sehr hilft, diesen und ähnlichen Texten Aufmerksamkeit zu schenken und ihre Struktur genauer zu studieren, um sich davon inspirieren zu lassen. Oft sind es nicht die perfekten rhetorischen Stilmittel, die uns faszinieren, sondern der Mut zu etwas Gewagtem. Je mehr Sie darauf achten, desto offensichtlicher wird: Fesselnde Rednerinnen und Texter wagen das Ungewöhnliche. Sie beginnen mit einem frechen Zitat, einer gewagten These oder einem Gedanken, der scheinbar mit dem Thema nichts zu tun hat. Ohne sich dabei gleich zu vermarkten, erreichen sie auf diese Weise das, was einen langweiligen Vortrag von einem spannenden Werbeclip unterscheidet: Neugier, Interesse und eine positive Grundstimmung beim Publikum.

Möglichkeiten, Ihren Redeeinstieg einmal anders zu bestreiten als mit den üblichen Vorstellungsfloskeln, gibt es viele: Sie können auf die Publikumserwartung anspielen oder einen persönlichen Bezug zum Thema illustrieren, Sie können mit einem Sprichwort beginnen oder mit einer Frage, eine humorvolle Geschichte benutzen oder ein interessantes Beispiel, auch ein aktuelles oder historisches Ereignis, sogar Anekdote, Scherz und Zitat sorgen für hohe Aufmerksamkeit gleich in den ersten Minuten. Also: Öffnen Sie den Monolog in einen Dialog! Auch wenn es nicht zu einem reellen Zwiegespräch kommt, können Sie Ihre Rede so aufbauen, dass sich das Publikum wirklich einbezogen fühlt und nicht nur mit dem Wissen eines Experten beschüttet wird, der sich vor seinem Publikum produziert.

Öffnen Sie den Monolog in einen Dialog!

Besonders einprägsam bleibt Ihre Rede dann, wenn Sie am Ende Ihrer Ausführungen wieder einen kurzen Bezug zum Redeeinstieg herstellen können und damit Ihre Sache wirklich rund machen.

3.2 Fünf Stufen zum Aufbau einer Rede

Vom Einstieg bis zum Schluss

Nachdem Sie das Publikum mit einem ungewöhnlichen Einstieg auf Ihre Rede eingestimmt haben, ist es wichtig, noch einmal in aller Deutlichkeit das Thema zu benennen. Gerade bei Veranstaltungen mit mehreren Vorträgen ist es für die Zuhörenden schwierig, die einzelnen Fachgebiete präsent zu haben. Aber auch, wenn Sie die einzige Rednerin sind, achten Sie darauf, publikumsfreundlich zu bleiben und nach Ihrem aufmunternden Exkurs klar zum Thema zu kommen.

Die nun folgenden Ausführungen sollten so strukturiert sein, dass Sie unter Verwendung einer so genannten taktischen Gedankenstütze den Vortrag frei halten könnten. In der taktischen Gedankenstütze reduzieren Sie das, was Sie sagen möchten, auf fünf Punkte:

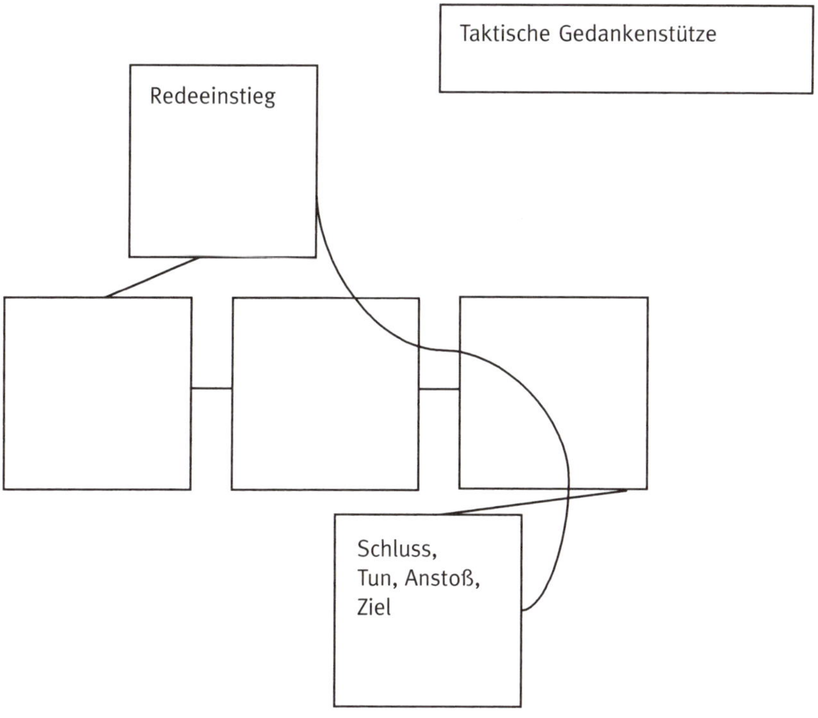

Hier sind Einstieg und Schluss deutlich positioniert und gedanklich miteinander verbunden. Welche Ideen Sie in die drei Hauptpunkte einfließen lassen, bleibt Ihnen überlassen. Wichtig ist, dass Sie nach drei Punkten zum Schluss kommen. Bleiben wir zum Beispiel beim Thema Sojasauce:

1:	Bier brauen	Redeeinstieg
2:	Sojasauce = Flüssige Würze	Definition
3:	Misslungener Tofu-Salat durch billige Sojasauce	Demonstration
4:	Gute Sortenvielfalt, z. B. Tamari und Shoyu	Illustration
5:	Kaufen Sie Bio-Sojasauce!	Appell

Sie müssen sich bei Ihrem eigenen Text/Ihrer Rede nicht an die Funktionen der Punkte 2–4 halten. Sie dienen lediglich der Orientierung und könnten auch anders besetzt sein. Ob oder wie ausführlich Sie einen Begriff oder Sachverhalt definieren, wie anschaulich oder spezifisch Sie illustrieren und ob Sie überhaupt etwas demonstrieren, hängt von Ihrem Ziel und Ihrem Publikum ab. Wichtig ist immer die Frage: Wozu halte ich diese Rede, gebe ich dieses Statement ab oder schreibe ich diesen Text? Was will ich genau bei wem bewegen? Warum will ich genau das und nichts anderes? Und was soll sich am Ende verändern? Also was ist daran das Besondere, dass genau ich diese Rede halte zu genau diesem Thema?

Die taktische Gedankenstütze ist im Grunde ein sehr simples Modell. Aber sie zwingt Sie dazu, eine klare Struktur in Ihr Vorhaben zu bringen. Und das Wichtige dabei ist: Fangen Sie am Ende an! Ich wundere mich immer wieder, wie wenig Vortragende an das Ziel ihrer Ausführungen denken. Sich hierüber Klarheit zu verschaffen, ist der erste Schritt.

In geschäftlichen Dingen scheint dies leichter zu sein: Sie wollen ein Projekt durchbringen, eine Gehaltserhöhung oder eine bessere Zusammenarbeit unter Kollegen. Aber was heißt das? Wie stellen Sie sich das konkret vor? Soll das Projekt noch in diesem Jahr stattfinden? Soll der Kostenrahmen erweitert werden? Wer muss noch daran mitarbeiten? Oder: Wie hoch soll Ihr Gehalt sein? Ab wann? Zu welchen Bedingungen? Als Gehaltsvergütung oder Direktversicherung? Und welche Kollegen meinen Sie genau? Wie könnte das arbeitstechnisch aussehen? Was wollen Sie selber dazu beitragen? Dies und vieles mehr sind Optionen, über die Sie sich von vornherein klar sein müssen. Erst dann geht es an den Aufbau der Argumente und an Ihren Redeeinstieg.

Schwieriger wird es bei Gelegenheiten wie Vorträgen an Volkshochschulen, Begrüßungsreden oder Eröffnungsfeiern. Aber auch hier sollte immer die Frage im Vordergrund stehen, warum Sie das Wort an andere richten. Will ich die Seminarbesucher zu einer neuen Sicht der Dinge bringen? Sollen Sie mehr von dieser Autorin lesen? Möchte ich ihnen Mut machen, sich auf eine ähnliche Reise zu begeben? Oder: Wohin möchte ich die Aufmerksamkeit des Publikums lenken, wenn ich diese Person vorstelle und begrüße, wenn ich ihnen den Weg in eine Ausstellung weise oder indem ich ein Detail ganz besonders herausstreiche?

Sehr schwer wird es, wenn Sie die Aufgabe haben, zum Beispiel für ein künstlerisches Produkt zu werben – jede gut organisierte Lesung hat auch zum Ziel, die Bücher der Autoren zu verkaufen – oder eine Spende einzubringen. Hier sind klare Worte gefordert. Schämen Sie sich nicht, deutlich zu sagen, dass die ausgestellten Bilder heute käuflich zu erwerben sind – und zwar zu den und den Preisen – oder dass die Veranstaltung auch dazu dient, Spendengelder oder gespendetes Material für den Verein zu erwirtschaften. Sprechen Sie klar und direkt darüber, was das Ziel ist, denn nur was so anschaulich wie möglich gesagt wird, kann auch konkret getan werden!

Schließlich ist die taktische Gedankenstütze auch ein gutes Mittel, um den freien Vortrag zu üben. Je weniger Sie auf Ihrem Konzeptblatt notieren, desto besser. Wenn Sie gut vorbereitet sind, wird Ihnen alles, was Sie Wichtiges zu sagen haben, auch einfallen. Kann sein, dass ein paar unwichtige Argumente oder Gedankenausflüge dabei verschwinden. Aber das ist gerade das Gute daran, denn es gibt Ihrem Statement die Klarheit und Kürze, die es braucht. Verlassen Sie sich einfach auf die innere Struktur, die Sie nun über einen bestimmten Zeitraum herangebildet haben, und auf Ihre innere Stimme, die Sie im richtigen

Moment das Richtige erinnern lässt. Je mehr Sie von einem ausgearbeiteten Konzept absehen, desto besser und überzeugender wird Ihre Rede sein. Das heißt nicht, dass Sie unvorbereitet sind. Ganz im Gegenteil. Sie haben sich intensiv mit dem Thema beschäftigt und – das ist wichtig – ganz eigene Gedanken dazu gemacht, und vor diesem Hintergrund können Sie nun mit den wenigen Grundbegriffen Ihres Konzeptes arbeiten.

Übrigens hilft es sehr, sich zusätzlich oder anstelle der Stichpunkte kleine Bildchen auf das Papier zu malen (»ankern«). Ein visuelles Gedächtnis – und das haben die meisten von uns – wird diese Stichpunkte auch in einer vollkommen freien Rede stets erinnern.

3.3 Eine Übungsrede im doppelten Sinn

Wann haben Sie das letzte Mal Obst gegessen?

In der folgenden Übungsrede habe ich alle wichtigen Faktoren über die fünf Stufen zum Aufbau einer Rede zusammengefasst. Der Text bildet gleichzeitig das ab, was er beschreibt. Er ist also eine Übungsrede in doppeltem Sinne: Einerseits wird inhaltlich zusammengefasst, worauf es in einer gut strukturierten Rede ankommt, andererseits bildet der Text selbst formal und inhaltlich die Tipps ab, um die es geht. Wie Sie selber mit dem Text arbeiten können, erfahren Sie in 3.4.

Wann haben Sie das letzte Mal Obst gegessen?
Über die Gliederung von Reden in fünf Stufen

Sicher werden Sie sich wundern:
Was hat das Obst mit Rhetorik zu tun?
Aber wir werden ja sehen.
Die Einteilung in fünf Stufen jedenfalls,
die haben sowohl die Dramatiker des Altertums
als auch die klassischen Redner
schon immer zu nutzen gewusst.

Und diese seltsame Anordnung in kurzen Zeilen?
Die soll Ihnen helfen, den Text
so angenehm wie möglich an Ihr Publikum zu bringen.
Gut aufbereitet in kleinen Portionen,
damit immer genug Raum zum Denken bleibt:
für Sie und für Ihre Hörerinnen und Hörer.

Und Obst mit Rhetorik?
Nun, das ist die erste Stufe:
1. Interesse wecken,
Aufmerksamkeit, ja: Hellhörigkeit erzeugen.
Und wie funktioniert das?
Indem wir mit unserem Publikum
einen Gedankenausflug unternehmen:
so entfernt wie möglich vom Thema …
und dann doch damit verbunden.
Außerdem so anschaulich wie möglich, so
bildreich und schmackhaft, dass
alle Ihnen mit Vergnügen
auf eine kleine Reise folgen. Schon
haben Sie das Publikum auf Ihrer Seite!

Denken Sie also noch einmal nach: Wann
haben Sie heute Obst gegessen? Oder
war es gestern … noch weiter weg?
Ein saftiger Apfel, eine pralle Orange, eine
erfrischende Kiwi … vielleicht eine Schale oder
ein Teller mit verschiedenen Obstsorten,
liebevoll zubereitet, farbenprächtig, mit
einem Hauch von Zimt?
Wahrscheinlich läuft Ihnen schon das Wasser im Munde
zusammen –
Und das soll es auch, denn
das Thema dieses Vortrages ist
»Gesunde Ernährung«.

Und damit sind wir schon bei Stufe zwei:
2. Das Thema nennen;
klar und deutlich,
auch wenn es vielleicht schon im Programm steht …
Sagen Sie konkret, worum es jetzt geht.
Mehr noch: Sagen Sie, worum es Ihnen dabei geht,
und leiten Sie damit über zu
Stufe 3: Begründung und Beweise:
Warum haben Sie sich für dieses Thema entschieden,
was hat Sie zu Ihrem Interesse geführt,
warum glauben Sie,
dass es für andere Menschen von Bedeutung ist?

Das ist sehr wichtig.
So wie in einem Vorstellungsgespräch:
Da wird auch immer gefragt:
»Warum haben Sie sich bei dieser Firma beworben?«
Das Persönliche interessiert
und das für die Sache Engagierte.
Reden Sie also ruhig – kurz –
über die Geschichte der Entdeckung
und Entwicklung Ihres Themas.

Bis vor wenigen Jahren
habe ich Nahrung nur konsumiert nach dem Motto,
dass es mir (angeblich) schmeckt.
Und beim Einkaufen
habe ich fast nur auf den Preis geachtet.
Aber durch den Einfluss meiner Mitbewohnerin
bin ich auf biologische Lebensmittel gestoßen –
erst nur ab und zu frisches Obst und frisches Brot,
weil es einfach besser schmeckt,
aber nach und nach immer mehr,
von Badesalz und Biokürbis bis zu Zimt und Zucker.
Und zwar nicht nur, weil es gut tut oder besser schmeckt,

sondern weil ich irgendwann verstanden habe,
dass ein gesunder Körper auch mit einer »gesunden« Umwelt zu tun hat.

4. Demonstration oder Illustration

Sicher sind Sie schon einmal in Spanien gewesen,
vielleicht haben Sie auch schon die Küstenregion von Valencia gesehen:
unterhalb von steilen Bergketten
von fast ewiger Sonne beschienen
an felszerklüfteten Meeresbuchten … – was?
Orangenplantagen.
Orangenplantagen ohne Ende.
Sie können mit dem Auto stundenlang die Küstenstraße entlangfahren:
Orangen, Orangen, Orangen, so weit das Auge reicht.
Künstlich bewässert, in einer Region,
in der Wasser eine Kostbarkeit ist,
künstlich gedüngt und chemisch behandelt,
Monokulturen, die kein anderes Leben mehr zulassen,
und dazwischen: ausgetrocknete Flussbetten –
sogar im Winter.
Weil das Grundwasser nicht mehr ausreicht.
Und warum?
Damit wir im Discounter oder auch im kleinen Laden um die Ecke das ganze Jahr über Orangen kaufen können.
Viel zu viel, weil's im Angebot war
und wovon wir doch wieder die Hälfte wegschmeißen,
innen drin viel Luft und wenig Saft.
Und längst nicht mehr dieser Duft,
den manche noch aus Kindertagen kennen:
eine frisch geöffnete Orange oder Mandarine
zur Weihnachtszeit, was für ein Genuss!

Sehen Sie?
Ich meine, sehen Sie wirklich vor sich, wovon ich Ihnen berichte?
Wenn ja, dann ist die 4. Stufe der Redekunst gut gelungen.
Sie soll den Hörern Augen und Ohren,
ja, möglichst alle Sinne öffnen.
Sprechen Sie so viele Sinne wie möglich an.
Die Kirche, zum Beispiel, macht das schon immer so:
Sie fassen ins Weihwasser: der Tastsinn wir angesprochen,
Sie sehen den goldenen Altar, prächtige Dekorationen und kunstvolle Fensterscheiben,
Sie hören die Orgel, Predigt und Gesang,
manchmal riechen Sie Weihrauch
oder schmecken sogar eine Hostie.
Und außerdem bleiben Sie immer in Bewegung:
Sitzen, knien, stehen – auch die Motorik wird angesprochen.
Und warum?
Können Sie bei einem trockenen, abstrakten Vortrag
länger als 15 Minuten aufmerksam bleiben?
Niemand kann das – selbst dem besten Freund zuliebe nicht.
Also: Benutzen Sie so viele Sinneskanäle wie möglich.
Zeigen Sie: Bilder, Figuren, Stoffproben …
Lassen Sie etwas hören, riechen oder fühlen,
was Sie herumgeben können,
und vor allem:
Sprechen Sie in Bildern!
Malen Sie Welten in den Köpfen.
Dann bleibt Ihr Vortrag lebendig
und bei den Zuhörenden bleibt mehr als etwas hängen!

Womit wir beim Schluss sind:
Punkt 5: Folgerung, Fazit, Appell
Was und wie viel hängen bleibt, das entscheiden Sie.
Und unterstreichen es am Ende noch einmal ganz klar:
Warum habe ich Ihnen das alles erzählt?

Was, möchte ich, dass Sie mit nach Hause nehmen?
So konkret wie möglich!

Wenn Sie das nächste Mal Eier kaufen,
kaufen Sie diese bitte nicht im Billigmarkt, sondern im Bioladen,
denn sonst haben Sie ungewollt Anteil
an qualvoller Hühnerhaltung. Und
wenn Sie Obst kaufen, dann nehmen Sie lieber weniger,
aber dafür Bio-Obst.
Das schmeckt und schützt unsere Umwelt.
Gesunde Ernährung bedeutet viel mehr
als die eigene Gesundheit und der »gute Geschmack«.
Mit ihrem Bio-Obstteller am Morgen
könnten Sie ein ganz kleines Stück Welt verändern!

Und wenn Sie einmal mit einer anderen Angelegenheit
ein kleines Stück Welt verändern wollen,
und sei es auch nur in den Köpfen Ihres Publikums,
dann denken Sie an die
fünf Stufen zur Gliederung von Reden –
Und setzen Sie diese auch wirklich um:
Machen Sie vom ersten Augenblick an neugierig!
Sprechen Sie klar:
worum es geht
und warum!
Malen Sie Bilder
und reisen Sie mit Ihrem Publikum um die Welt!
Und am Ende
denken Sie noch einmal an den Titel dieses Buches und
»Sagen Sie doch, was Sie wollen!«
– Auch von Ihrem Publikum!

3.4 Übungen

Es grünt so grün …

Um mit der Beispielrede zu üben, wählen Sie zunächst einen der folgenden Abschnitte aus:

Einleitung und Punkt 1;
Punkt 2 und 3;
Punkt 4;
Punkt 5.

Die einzelnen Abschnitte haben verschiedene Schwierigkeitsgrade: Wenn Ihnen der Einstieg in eine Rede schwerfällt und Sie Pausen üben möchten, nehmen Sie den Anfang (inklusive Titel) und Punkt 1.

Punkt 2 und 3 sind hervorragend, um Betonungen nach Sinnzusammenhängen zu üben.

Punkt 4 erfordert eine sehr genaue Artikulation (»felszerklüftet«, »Orangenplantagen«). Hier können Sie im zweiten Teil besonders gut Gestik und Mimik üben.

Möchten Sie langsames, betontes Sprechen trainieren, nehmen Sie Abschnitt 5. Hier können Sie auch herausfinden, wie gut es Ihnen gelingt, nach einem Statement/einer Rede noch einen Moment innezuhalten und nicht gleich die »Flucht« vor dem Publikum zu ergreifen.

Machen Sie sich zunächst mit dem Text vertraut und üben Sie immer wieder denselben Abschnitt. Erst dann wechseln Sie zu den anderen Punkten. Sie können allein, zum Beispiel vor dem Spiegel, oder mit anderen in einer Gruppe üben. Jede Rednerin, jeder Redner geht dann mit dem entsprechenden Abschnitt nach vorne, übt Haltung, Blick und Stimme und pausiert kurz am Ende des Gesagten. Sie können auch nach dem Vorbild von Schauspielschulen das freie Extemporieren üben, das heißt, ähnlich wie in einem Stummfilm einmal das übertriebene Gestikulieren und den übertriebenen Einsatz von Stimmmodulation ausprobieren.

4. Selbstverteidigung mit Worten

4.1 Drei Sätze, um die Welt zu verändern

Die Klügere gibt so lange nach, bis sie die Dumme ist!

Endlich Feierabend! Darauf haben Sie sich gefreut: einen Abend in der Sauna, um Körper und Geist zu regenerieren. Doch sobald Sie die Sauna betreten, ahnen Sie Übles: In der Schwitzkabine hat sich eine Gruppe von Freundinnen versammelt, um in Ruhe miteinander klönen zu können. Sie suchen einen möglichst entfernten Platz auf und schließen die Augen. Worte wie »Fettabsaugen«, »offene Beine«, »Transplantation«, aber auch »Unverschämtheit«, »Steuerzahler«, »Rentenbescheid« fallen in Ihren Gehörgang. Sie versuchen sich auf etwas anderes zu konzentrieren. Gleichzeitig wissen Sie, dass alle Worte, die in Ihre Entspannungsphase fallen, Ihr Unterbewusstsein manipulieren können. Jetzt reicht's Ihnen: »Können Sie nicht ein bisschen leiser reden? Ist ja kaum auszuhalten!« Da beginnt sofort ein großer Tumult: »Jetzt stellen Sie sich nicht so an!« »Sie können ja woanders hingehen!« »Wir treffen uns hier jeden Mittwoch!« »Nur weil einer seine Ruhe haben will!« »Wir gehen doch sowieso gleich raus!« »Sie brauchen ja nicht hinzuhören!« Und so weiter. Sie sind sauer, die anderen auch. Wenn Sie Glück haben, redet die Gruppe etwas leiser weiter, aber es kommt Ihnen so vor, als redeten sie jetzt über Sie. Dann geht die Gruppe hinaus und murmelt Ihnen noch etwas Unverständliches zu. Sie selbst sind jetzt gar nicht mehr entspannt. Die Worte der anderen gehen Ihnen durch den Kopf und Sie fragen sich, ob Sie nicht besser Ihren Mund gehalten und die Situation ausgehalten hätten. Oder hätten Sie es auch anders sagen können?

Wir alle kennen solche Situationen: Im Großraumabteil erzählt jemand für alle hörbar übers Handy von seinen enormen Geschäftserfolgen. Pünktlich zur Mittagszeit schmeißt Ihr Nachbar seinen Rasenmäher an. Stundenlang haben Sie einen Platz für das WM-Spiel freigehalten und jemand versperrt Ihnen in letzter Minute die Sicht auf die Großleinwand. Sie wollen gerade an der Käsetheke bestellen, da drängelt sich jemand von der anderen Seite vor. Der Ober bringt Ihnen für viel Geld einen Kaffee, der lauwarm ist.

Was können Sie tun? Zunächst einmal ist es wohl den meisten Menschen peinlich, öffentlich etwas zu beanstanden und für sein eigenes Wohlbefinden einzutreten. Wir haben ja auch nie oder nur selten geübt, Kritik angemessen und rechtzeitig zu äußern. Also halten die meisten von uns einfach ihren Mund. Schließlich ist es ja auch nicht sooo schlimm, wenn einer sich vordrängelt – ich hab doch Zeit – oder mir die Sicht versperrt – ich kann ja rücken. Diese Kompromisse funktionieren ein paar Mal hintereinander. Irgendwann jedoch platzt es aus Ihnen heraus. Wahrscheinlich an der falschen Stelle, mit Sicherheit aber im falschen Ton.[28]

Und noch etwas: Wenn Sie sich nicht für Ihre Belange einsetzen, hinterlässt es möglicherweise bei Ihnen ein schlechtes Gefühl. Hinterher ärgern Sie sich doch, dass sich schon wieder jemand vorgedrängelt hat und Sie erzählen es empört einer Freundin. Und hätten Sie doch dem Drängler, der jetzt an der Ampel neben Ihnen steht, mal die Meinung gesagt! So sitzen Sie da mit dem schlechten Gefühl im Bauch und empfinden sich als Opfer.

Und das sind Sie auch, wenn Sie sich nicht behaupten. Also: Sagen Sie doch, was Sie wollen! Schlimmstenfalls kommen Sie mit Ihrer Behauptungsstrategie nicht durch und die anderen setzen sich weiterhin über Sie hinweg. Aber: Es geht Ihnen hinterher besser, wenn Sie es wenigstens gesagt haben. Und der andere wird Ihnen, auch wenn er nicht sofort reagiert, die Sicht nur noch mit einem schlechten Gewissen verstellen! Das klingt ein wenig nach Häme. Es geht aber um etwas anderes: Das schlechte Gefühl, das vorher bei Ihnen lag, ist jetzt bei den Verursachern. Und da gehört es hin. Das macht einen Unterschied

[28] Vgl. auch Rudi Rhode/Mona Sabine Meis: Wer schreit, hat schon verloren! Körpersprache selbstbewusst beherrschen. Zürich 2008.

– egal, ob es in der Realität zu Verhaltensänderungen kommt oder nicht.

Die Chance, dass sich etwas ändert, ist aber auch recht groß. Nicht immer können wir von der bösen Absicht der anderen ausgehen. Manches passiert einfach aus Unachtsamkeit. Wir sollten den anderen jedoch die Chance geben, das überhaupt zu realisieren. Und das geht nur, wenn wir es ihnen so neutral wie möglich – ohne aufgestaute Wut – sagen. Wenn Sie es so betrachten, meckern Sie nicht herum, sondern machen dem anderen sogar ein Geschenk! Indem Sie die andere Person über Ihre Bedürfnisse informieren, kann diese sich daran orientieren. Das Zusammenspiel wird einfach besser.

Bleibt die Frage: Wie sag ich's meinem Nächsten?

Es gibt ein einfaches und effektives Modell, das ursprünglich von den Feministinnen entwickelt wurde und seit den 80er-Jahren in so genannten WenDo-Kursen vermittelt wird. WenDo heißt in Anleh-

nung an andere Kampfkünste »Weg der Frauen« *(women do)*. Dieser Weg geht über die körperliche Selbstverteidigung hinaus und lehrt, die Probleme an ihrer Wurzel zu bekämpfen: durch Selbstbehauptung im Alltag. Selbstbehauptung ist auch ein Weg der Selbstbejahung und hat einen ganzheitlichen Hintergrund. Im Holländischen gibt es das sehr viel treffendere Wort »Wehrbarkeit« dafür: Es geht nicht primär darum, sich selbst gegen eine Bedrohung zu verteidigen (Selbstverteidigung), sondern sich so zu stärken, dass uns Selbstbestimmung und Selbstbehauptung wie ein magischer Schutzmantel umgeben. Durch die Setzung unserer selbst und unserer Bedürfnisse werden wir unangreifbar. Das ist etwas anderes, als sich ständig selbst zu verteidigen.

Ein erster Schritt dorthin ist die Arbeit mit dem folgenden Modell: Stellen Sie zunächst an sich selbst drei Fragen und formulieren Sie die Antworten zu Sätzen an Ihr Gegenüber:

1. Was ist die Situation?
2. Wie ist das für mich, wie fühle ich mich?
3. Was will ich, das die Person tun soll?

Bleiben wir beim Beispiel Sauna. Was ist eigentlich – so neutral wie möglich formuliert – die Situation? Eine Gruppe unterhält sich angeregt in der Sauna. Sie möchten Ruhe haben. Es ist ein legitimes Bedürfnis, im Hintergrund hängt das Schild »Bitte Ruhe«. Der erste Satz an die anderen könnte zum Beispiel heißen:

»Hallo? Sie unterhalten sich gerade sehr angeregt und wir sind hier in einer Sauna.«

Dieser Satz ist neutral und informativ. Sprechen Sie ihn mit dem gleichförmigen Tonfall einer Nachrichtensprecherin. So vermeiden Sie es, einen vorwurfsvollen Unterton mit hineinzubringen. Durch das »Hallo« am Anfang (besser als das ewig selbstbezichtigende »Entschuldigung«) erzielen Sie die Aufmerksamkeit, die Sie brauchen, damit Sie in dem Stimmengewirr überhaupt gehört werden.

Es folgt Satz 2: Wie ist das für mich? Hier könnte ich – auf einer anderen Beziehungsebene – meine Gefühle äußern. Das werde ich Fremden gegenüber aber nicht tun. Hier genügt ein neutraler Satz wie

»Das stört mich.«

oder Sie lassen diesen Satz auf der Ebene »Fremde Person« einfach weg. Satz 2 hat normalerweise den Sinn, Ihre Gefühle in ihrer Subjektivität zu äußern – also nicht: Das ist …, sondern: Das fühlt sich für mich so an. Somit entgehen Sie einer Anklage wie »Das ist eine Unverschämtheit« oder »Das ist total ignorant« usw. Sie sprechen über sich – und nicht über die anderen. Das ist ein großer Unterschied.

In Satz 3 können Sie sich in der großen Kunst üben, eine positive »Gebrauchsanweisung« zu geben. Es ist in der Tat sehr schwer, das zu benennen, was Sie wünschen, und eben nicht das, was Sie nicht wollen. Also: Sagen Sie doch, was Sie wollen! Auch wenn das manchmal etwas umständlich ist. Sicher erinnern Sie sich an das erste Kapitel: Nur positive Formulierungen werden vom Unterbewusstsein registriert. »Knall die Tür nicht so!« produziert das Bild einer knallenden Tür und Sie erreichen schlimmstenfalls das Gegenteil von dem, was Sie wollen. Aber auch mit Ihren Wünschen müssen Sie weitsichtig umgehen. Will ich denn, dass die anderen nur leiser sprechen? Oder sollen sie ganz schweigen? Das muss ich mir genau überlegen, wenn ich davon ausgehe, dass tatsächlich das eintritt, was ich sage.[29] Sehr wichtig ist es, hier wirklich eine Aussage zu machen. Wenn Sie aus Gewohnheit oder Höflichkeit eine Frage formulieren, öffnen Sie Ihr Statement in einen Dialog. Und genau das möchten Sie nicht. Sie sollen klare Sprache sprechen und keine Diskussion ermöglichen. Wenn Sie sagen: »Können Sie nicht ein bisschen leiser sprechen?«, haben Sie gleich zwei Probleme: Die anderen können das akzeptieren, aber dann nur ein bisschen leiser sprechen, oder die anderen könnten entgegnen: »Nein, das

[29] Auf diesem Grundgedanken basiert die inzwischen populäre Idee von »Bestellungen beim Universum«, die durch das NLP vorgeprägt wurde.

können wir nicht.« Denken Sie also bei der Formulierung von Satz 3 an das erste Kapitel: Anstelle von »Kein Eingang« sagen Sie »Bitte benutzen Sie den Seiteneingang« – eine Strategie positiven Aufforderns. Satz 3 könnte somit in unserem Beispiel lauten:

»Bitte führen Sie doch Ihre Gespräche draußen weiter. Danke.«

Indem Sie sich am Ende bedanken, nehmen Sie den guten Willen der anderen vorweg und beenden im Grunde das Ereignis. Sie vermitteln, dass es sich hierbei um keinen großen Akt – möglicherweise mit Diskussion – handelt, sondern dass es um die Klarstellung von Bedürfnissen geht. Ihr Statement entbehrt jeder Aggression und Anfeindung und Sie können es jetzt den anderen überlassen, zu entscheiden wie sie damit umgehen. Natürlich werden Sie die anderen für Ihren Hinweis nicht lieben, aber das ist ja auch nicht das Ziel. Sie haben durch Ihre drei Sätze vermieden, dass es zu einer inneren oder äußeren Eskalation kommt, und brauchen sich jedenfalls nicht zu ärgern, dass Sie durch Ihre Opferhaltung mit Wut im Bauch herumlaufen. Und bedenken Sie: Es kann ja auch wirklich sein, dass es den anderen nicht so bewusst war, dass sie durch ihre Unterhaltung gestört haben. So haben Sie einfach mehr Achtsamkeit eingefordert und den anderen vielleicht sogar ein Geschenk gemacht, denn es kann durchaus sein, dass sie gar nicht stören wollten.[30]

Wenn Sie nun diese drei Sätze hintereinander aufsagen, hört sich das ein wenig seltsam an:

»Hallo? Sie unterhalten sich gerade sehr angeregt und wir sind hier in einer Sauna.«
»Das stört mich.«
»Bitte führen Sie doch Ihre Gespräche draußen weiter. Danke.«

[30] Gutgelaunte Gruppen vergessen schon mal, dass sie nicht allein sind. In diesem Sinne ist »Geschenk« gemeint: Indem Sie die Gruppe an die Regeln erinnern, geben Sie ihr die Chance, sich sozial zu verhalten. Häufiges Beispiel sind hier auch nachbarschaftliche Streits bei abendlichen Feiern.

Es ist ganz natürlich, dass Sie versuchen werden, diese drei Sätze in der Alltagsrealität wieder aufzuweichen. Vor allem Füllwörter und Paraphrasen (Umschreibungen) sind hier sehr beliebt. Aber denken Sie daran: In der Kürze liegt die Würze. Sie wollen jetzt keine Rede halten und keine Diskussion einleiten. Deshalb hier noch ein paar Tipps, worauf Sie unbedingt achten sollten, wenn Sie Ihre Sätze formulieren:

- Keine Fragen stellen. Fragen öffnen Ihr Statement und ermöglichen eine Diskussion. Sie aber wollen aufklären, nicht verhandeln.
- Keine Begründungen abgeben. Auch hier: Sie halten keine Rede, Sie wollen keine Beweisführung erbringen. Jedes Argument erzeugt Gegenargumente. Deshalb Satz 2: Gefühle hat man, die muss man nicht begründen.
- Keine Erklärungen. Wenn Ihnen etwas zu laut ist, dann liegt das nicht daran, dass Sie »so empfindlich sind«, sondern dann ist es Ihnen einfach zu laut.
- Keine Entschuldigungen und Einwandvorwegnahmen. »Ich weiß ja, dass Sie nur mittags Zeit haben Ihren Rasen zu mähen …« ist Verständnis an der falschen Stelle. Scheuen Sie sich nicht, von Ihren Bedürfnissen zu reden.
- Keine Emotionen. Denken Sie an die gelassene Gleichgültigkeit von Kriminalinspektor »Columbo«. Es wirkt fast etwas schusselig, wenn er im Herausgehen ganz nebenbei die Fragen von eminenter Bedeutung stellt. Oder tun Sie so, als würden Sie eine Wettervorhersage vorlesen. So bleiben Sie souverän. Schließlich geht es hier nicht um einen Angriff, sondern um einen Sachverhalt.
- Kein Wenn und Aber. Benutzen Sie »und«, auch wenn es sich um Gegensätze handelt: »und wir befinden uns hier in einer Sauna.«

Schließlich ist es noch ganz wichtig, sich der wesentlichen Punkte aus Kapitel 2 zu erinnern: ***Haltung, Blick und Stimme.*** Nehmen Sie eine offene und starke Haltung ein, sorgen Sie dafür, dass Sie nicht niedriger sitzen oder stehen als Ihr Gegenüber. Atmen Sie einmal tief durch, bevor Sie anfangen. Nehmen Sie Blickkontakt auf und halten Sie diesen. Bei mehreren Gegenübern suchen Sie sich einen gezielten Ansprechpartner, lassen Sie aber auch die Gruppe nicht aus den Augen. Ihre Stimme ist eher monoton. Wählen Sie eine mittlere Tonlage, da eine hohe Stimme Aufgeregtheit impliziert, eine tiefe dagegen schnell aggressiv wirken kann.

Und am Ende: Bleiben Sie einfach bei Ihrem dritten Satz. Sie können ihn zwei- bis dreimal wiederholen, danach sollten Sie nichts mehr sagen oder die Situation verlassen.

»Sie können uns doch nicht einfach den Mund verbieten!«

»Hm, und ich bitte Sie, führen Sie Ihre Gespräche draußen weiter. Vielen Dank.«

4.2 Tipps zum Üben

Die souveräne Meckertante

Nehmen Sie eine oder mehrere der eingangs erwähnten Beispiele:

- Im Großraumabteil erzählt jemand für alle hörbar übers Handy von seinen enormen Geschäftserfolgen.[31]
- Pünktlich zur Mittagszeit schmeißt Ihr Nachbar seinen Rasenmäher an.[32]
- Stundenlang haben Sie einen Platz für das WM-Spiel freigehalten und jemand versperrt Ihnen in letzter Minute die Sicht auf die Großleinwand.[33]
- Sie wollen gerade an der Käsetheke bestellen, da drängelt sich jemand von der anderen Seite vor.[34]
- Der Ober bringt Ihnen für viel Geld einen Kaffee, dieser ist lauwarm.[35]

Formulieren Sie zunächst schriftlich die drei Sätze. Achten Sie auf die Feinheiten. Lösungsvorschläge finden Sie in der Anmerkung.

Um dieses Modell in der Realität zu erproben, hilft nur Übung. Nutzen Sie jede Gelegenheit, auch wenn Sie denken, dass die anderen Sie für eine Meckertante halten. Sie üben. Und das ist ganz wichtig, wenn Sie auf den nächsthöheren Niveaus bestehen wollen.

Sie können auch damit beginnen, indem Sie erproben, wie es ist, im Alltag einfach einmal anderer Meinung zu sein. Das ist sehr lehrreich. Sagt jemand zum Beispiel: »O, das ist ja ein geiles Auto!«, sagen Sie einfach: »Nein, das gefällt mir nicht.« Lassen Sie sich nicht vom Gegenteil überzeugen. Bleiben Sie einfach dabei, denn über Geschmack lässt sich ja nicht streiten. Versuchen Sie nicht aus einem falschen Harmoniebedürfnis heraus dem anderen irgendwann Recht zu geben. Es gibt jede Menge Übungsmaterial. Jemand findet etwas zu teuer – Sie nicht. Die Politiker verdienen zu viel – das meinen Sie nicht. Fettsucht ist vererbt – Sie glauben das nicht. Diese Katze ist schön, Sie finden Sie hässlich. Und so weiter.

Machen Sie sich einen Spaß daraus, diese Dinge zu üben. Achten Sie darauf, wie die anderen reagieren. Sind sie das vielleicht gar nicht von Ihnen gewohnt? Finden sie plötzlich, Sie haben sich aber in letzter Zeit verändert? Nun, das mag passieren. Aber dagegen steht das gute Gefühl, eine eigene Meinung zu vertreten und seinen eigenen Wünschen Raum zu geben.

Auf der nächsten Ebene wird deutlich, wie wichtig es war, viel zu üben.

[31] »Hallo, Sie telefonieren gerade sehr laut. Das stört mich. Bitte telefonieren Sie in der Handyzone weiter. Danke!« Hier stellt sich in meinen Seminaren oft die Frage, was ist, wenn es keine Handyzone gibt? Das jedoch muss die Person selber herausfinden. Das ist nicht Ihre Aufgabe.

[32] »Hallo Herr Nachbar, kommen Sie doch mal bitte! Sie mähen gerade den Rasen und es ist Mittagszeit. Das stört mich. Bitte arbeiten Sie nach der Mittagspause weiter. Danke!« Wichtig ist der Einstieg. Warten Sie, bis der Nachbar den Motor ausgestellt hat.

[33] »Guten Tag! Sie stehen so vor mir, dass ich die Leinwand nicht mehr sehen kann. Bitte stellen Sie sich etwas weiter links oder hinter mich. Danke!«

[34] »Hallo, Sie bestellen gerade von der anderen Seite und ich warte hier schon länger. Bitte bestellen Sie doch, wenn Sie an der Reihe sind. Dankeschön.«

[35] »Herr Ober, Sie haben mir eben einen lauwarmen Kaffee gebracht. Bitte bringen Sie mir doch einen frischen, heißen Kaffee. Danke!« Um zu vermeiden, dass der Ober einen mittels Mikrowelle aufgewärmten Kaffee bringt, hier konkret die Bitte um einen frischen Kaffee.

Noch mehr Übungen:

Umtausch: Sie haben einen schönen Pullover gekauft und stellen zu Hause fest, dass er fehlerhaft ist. Gehen Sie wieder in das Geschäft. Überlegen Sie sich vorher genau, was Sie durch die Reklamation erreichen wollen. Wollen Sie Ihr Geld zurück, einen anderen Pullover? Sind Sie bereit, auch ein ähnliches Modell oder einen Gutschein zu erhalten? Bleiben Sie dann bei dem, was Sie wollen. Lassen Sie sich nicht vertrösten. Bleiben Sie gelassen und souverän und lassen Sie sich nicht auf Diskussionen ein, die mit Ihrem Wunsch nichts zu tun haben.

Reklamation im Restaurant: Sie haben eine Fischplatte vom Grill bestellt. Der Kellner bringt Ihnen ein Arrangement von gekochten Fischen, hübsch zu einem Türmchen auf großem Teller dekoriert. Das sieht auch lecker aus, aber Sie haben etwas anderes erwartet und sind enttäuscht. Überlegen Sie sich, was Sie nun wollen. Sind Sie bereit, darauf zu warten, das richtige Menü zu bekommen? Möchten Sie nur auf den Fehler in der Speisekarte aufmerksam machen? Oder wollen Sie jetzt gar nichts essen und das Restaurant verlassen?

Reklamation im Urlaub: Sie haben ganz bewusst das Hotel ausgesucht, das mit einem Whirlpool im Bad wirbt. Als Sie ihn benutzen wollen, funktioniert er nicht. Sie sind verärgert und möchten: dass der Whirlpool unverzüglich repariert wird / eine Entschädigung / einen Preisnachlass / eine Entschuldigung/ ein anderes Zimmer …

Bleiben Sie beim Üben bei unserem Modell. Klären Sie für sich, was genau die Situation ist, und vor allem, was Sie eigentlich wollen. Erst dann begeben Sie sich in die Offensive.

4.3 Was ist die Situation?

»Wo ist das Salz?«

Wir leben in einer Welt der Interpretationen von Wirklichkeit. Allein dadurch, dass wir sprechen und nicht Gedankenübertragung praktizieren, werten wir schon. Dadurch, dass wir bestimmte Worte wählen, interpretieren wir bereits die Realität (siehe: Positive Sprache …).

Selbst bei einem so banalen Satz wie »Der Apfel fällt vom Baum« könnte ich einwenden: Nein, er fällt nicht, die Schwerkraft zieht ihn ab einem bestimmten Gewicht zur Erde, das heißt, er fällt nicht, sondern wird eigentlich »ge-fallen«.

Wie schwierig wird das erst, wenn es um Kommunikationsakte geht und dadurch subjektive Hörer-Interpretationen möglich werden. Ein Satz wie »Wo ist das Salz?«, beim Familienfrühstück gesprochen, kann so unterschiedliche Reaktionen hervorrufen wie »Ich hab es wirklich nicht« (als Reaktion auf eine gehörte Anklage) oder »Ich hol's gleich« (als Reaktion auf eine gehörte Aufforderung).

Und dann kann es auch noch sein, dass ein und dieselbe Situation unterschiedlich gesehen wurde. Mit manchen Zeugenaussagen, zum Beispiel zu einem Verkehrsunfall, kann man ganze Akten füllen – jede weicht in irgendeiner Form von der anderen ab. Je nachdem, von welcher Seite beobachtet wurde, in welchem Zustand, in welchem Zeitraum oder sogar mit welchen Vorerlebnissen die Zeugen ihre Situation gesehen haben.[36] Gibt es denn da überhaupt noch die eine neutrale Situation?

Jedenfalls gibt es viele Möglichkeiten, eine Situation indirekt zu bewerten, ohne es direkt erkennen zu lassen. Berühmtes Beispiel: Das Glas ist halbvoll oder halbleer.

So können wir auch unsere Erfolge und Misserfolge als Ergebnis eigener Anstrengung und Kompetenz oder als zufälliges Spiel bewerten. Achten Sie einmal darauf. Sicher kennen Sie das. Wenn ein Kind mit einer schlechten Note nach Hause kommt, kann es sagen: »Die Arbeit ist ganz schlecht ausgefallen« (externale Begründung: das heißt, die Lehrerin ist schuld, weil sie eine zu schwere Aufgabe gestellt hat) oder »Ich hatte nicht genug Zeit« (external: Zeit/Lehrer), aber auch: »Ich habe einfach nicht genug gelernt« (internale Begründung).

Nach Rotter[37] geht es um die Frage, wie sehr es uns gelingt, Verantwortung für unser Handeln zu übernehmen und dies in der Situationswiedergabe zu spiegeln. Je nach Perspektive können Erfolg und Misserfolg von außen bedingt sein (Erfolg als Produkt von Glück und Zufall; Misserfolg als Pechvogel-Syndrom: Ich habe Pech, ich kann nichts machen, die Aufgabe ist zu schwer, die anderen lassen mich nicht) oder das Ergebnis eigener – auch mangelnder – Anstrengung sein (Ich bin gut, was ich will, erreiche ich; Ich war schlecht, das nächste Mal mache ich es besser). Je nachdem wie durchgängig ein solches Erklärungsprinzip praktiziert wird, ist es stabil (ich hab immer Pech) oder labil (diesmal Glück gehabt), tritt es global auf (das passiert mir dauernd) oder spezifisch (jeder macht mal einen Fehler).

Wenn Sie sich dieser Zusammenhänge bewusst sind, fällt es Ihnen leichter zu erkennen, ob eine Äußerung neutral oder bewertend ist – auch Ihre eigene. Je komplexer die Kommunikationssituation, desto schwieriger ist es zu unterscheiden, ob es sich hierbei wirklich um eine (relativ) neutrale Wiedergabe der Situation handelt oder bereits um eine Interpretation. So können Sie auf Vorwürfe sachlich reagieren, ohne sich auf unproduktive Diskussionen einzulassen. »Immer unterbrichst du mich!« ist eine stabil externale Aussage (stabil: immer, external: du bist schuld) und könnte neutraler formuliert lauten: »Wenn wir über Probleme sprechen, möchte ich gerne ausreden.« Gelingt es Ihnen in Konfliktsituationen, das, was Ihr Gegenüber an Vorwürfen einbringt, so neutral wie möglich zu umschreiben, können Sie einen Streit deeskalieren.[38] »Nie hast du Zeit für mich!« (Anklage, stabil, external) – »Du möchtest also, dass ich mehr Zeit für unsere gemeinsamen Hobbys aufbringe, meinst du das?«

Gleichzeitig sollten Sie Ihre eigene Sprache daraufhin untersuchen, wie neutral Sie formulieren. Anstatt zu sagen: »Ich habe keine Lust, dir ständig hinterher zu räumen!«, könnten Sie den Dialog auch mit einer neutralen Feststellung beginnen: »Ich habe gerade aufgeräumt und sehe, dass deine Schuhe und deine Zeitungen auf dem Boden liegen.«

---

[36] Vgl. Gerold Ungeheuer: Zeugen- und Sachverständigenaussagen als Kommunikationsproblem; Vor-Urteile über Sprechen, Mitteilen, Verstehen. In: Kommunikationstheoretische Schriften I. Hrsg. v. J. G. Juchem, Aachen 1987.

[37] Im Jahre 1954 publizierte J. B. Rotter in seinem Buch »Social Learning and Clinical Psychology« erstmals den Aufbau seiner »Sozialen Lerntheorie der Persönlichkeit«. Vgl. Rotter Julian. B. 1966. Generalized Expectancies for Internal vs. External Control of Reinforcement, in: Psychological monographs: General and Applied 80. Siehe hierzu auch http://www.stangl-taller.at/ARBEITSBLAETTER/.

[38] Vgl. hierzu auch Marshall B. Rosenberg: Gewaltfreie Kommunikation, Paderborn 2001.

Nach dem Drei-Satz-Modell würden nun eine Gefühlsäußerung und eine Aufforderung folgen.

Dabei ist es äußerst schwierig, nicht nur die Situation möglichst neutral zu bestimmen, sondern die eigentliche Situation zu erkennen und gegebenenfalls von den anderen mitschwingenden Situationen im Hintergrund zu trennen.

4.4 Selbstbehauptung im Bekannten- und Kollegenkreis

Im Hausflur, am Arbeitsplatz, im Geschäft …

Auf Ebene 1 haben wir versucht, uns gegen zumeist unbekannte Personen zu behaupten, die unsere Grenzen überschreiten oder unsere eigenen Bedürfnisse einschränken (Vordrängeln, Platz wegnehmen, laut sein, Umtausch, Reklamation und so weiter). Auf Ebene 2 ist Bekanntheit da, das heißt, Sie pflegen zwar keine Freundschaft, werden dieser Person aber regelmäßig wiederbegegnen. Das sind zum Beispiel Nachbarn, Kollegen, Freizeitpartner, Handwerker, die Briefträgerin oder die Putzfrau.

Eine Kursteilnehmerin erzählte mir, dass sie jahrelang von ihren Nachbarn gemobbt wurde. Vor allem ihre Obermieterin, nennen wir sie Frau Steiner, eine ältere Frau, die schon länger dort wohnte, machte der Teilnehmerin das Leben zur Hölle. Obwohl sie anfangs auch einmal aus dem Urlaub eine Postkarte schrieb oder vom Einkaufen etwas mitbrachte, bekam sie fast täglich zu hören, was sie alles anders machen müsse: Die Wäsche dürfe übers Wochenende nicht im Garten hängen, die Waschküche nur an bestimmten Tagen benutzt werden. Im Hausflur soll nichts abgestellt werden, das Fahrrad müsse in den Keller, die Mülltonnen dann und dann und so und so befüllt werden. Außerdem dürfe sie nach 22 Uhr gar keine Musik hören, nicht mit dem Motorrad die Straße hineinfahren und die Katze müsse »abgeschafft« werden, wenn sie weiterhin die Beete verunreinigen sollte.

Jeden Tag gab es eine andere Beschwerde und je mehr die Teilnehmerin darauf einging, desto vielfältiger wurden die Beschwerden. Schließlich schrieben ihr mehrere Nachbarn einen Brief, in dem sie an die Hausordnung erinnerten und erwähnten, dass sie, die Nachbarn, schließlich hier schon länger wohnten als sie, die Teilnehmerin, überhaupt lebte (sie war damals 27 Jahre alt).

Was ist hier die Situation? Eine alteingesessene Gemeinschaft von Nachbarn – alle über 60 Jahre alt – fühlt sich durch den Einzug einer jungen Frau gestört. Da sie weder katholisch ist (das wurde gleich bei Einzug gefragt) noch verheiratet und keiner geregelten Arbeit nachging (sie verfasste gerade ihre Diplomarbeit), war die Teilnehmerin für die Nachbarn wie ein Fremdkörper. Nicht das, was sie »falsch« machte, sondern die Tatsache, dass sie überhaupt existierte, war das Problem. Je mehr sie dann auf die Bedingungen der Nachbarn einging, desto mehr wurde sie zum Opfer. Am Ende wurde sie sogar aufgefordert, nachts nicht die Toilettenspülung zu benutzen, weil es so hellhörig in den Häusern sei.

Nach dem Besuch meines Rhetorik-Grundkurses beschloss die Teilnehmerin sich mittels der drei Sätze gegen ihre Nachbarin zu behaupten. Aber was ist die Situation? »Andauernd meckern Sie an mir rum!« Geht nicht: Das wäre eine Anklage, stabil (andauernd) und wertend (meckern). »Sie machen mir regelmäßig Vorschriften.« Ja, sagt die Teilnehmerin, aber dazu kommt, dass sie mich niemals grüßt, sondern einfach nur sagt: »Fräulein Claudia, Sie müssen aber noch den Hausflur putzen …« Außerdem sitzt sie sehr oft am Fenster und beobachtet genau, wann und mit wem ich das Haus verlasse und betrete. Und dann ruft sie der Frau auf der anderen Straßenseite ihre Beschwerden über mich zu und schimpft auf mich. Das und vieles mehr kämen noch hinzu.

Für ein kurzes, klares Statement ist das zu viel. Wir müssen uns entscheiden. Und hier stellt sich die Frage: Was will ich eigentlich? Will ich, dass Schluss ist mit Mobbing? Will ich mit meinem Nachnamen angesprochen werden? Möchte ich mit ihr darüber reden? Will ich kein abendliches Klopfen mehr? Will ich, dass meine Katze überlebt, mit dem Motorrad in die Straße fahren dürfen, respektvoll behandelt werden oder dass sie mich nur in Ruhe lässt? Oder will ich mich einfach einmal wehren, damit sie weiß, dass sie das mit mir nicht machen kann?

Natürlich kann ich darüber nachdenken, ob und wieweit die Nachbarin mit ihren Klagen recht hat. Aber mit diesem Verständnis kommen wir hier nicht weiter. Es würden andere Vorwürfe folgen und außerdem habe ich als Mieterin genau die gleichen Rechte wie alle anderen, die hier mit Mietvertrag der Wohnungsgesellschaft leben. Schriftliche Klärungsversuche – auch über die Verwaltung – haben sich als müßig erwiesen, weil auf jeden Vorwurf ein Gegenvorwurf folgt. Ich habe der Teilnehmerin empfohlen, zunächst auf einer kleineren Ebene zu beginnen, um zu sehen, ob sich etwas verändert. Wichtig war ihr, dass sie nicht jedes Mal im Hausflur mit einer Beschwerde überfallen wird, so dass sie schon Angst haben muss, ihre Wohnung zu verlassen. Nach langem Hin und Her und vielen Formulierungsversuchen haben wir uns so geeinigt:

»Frau Steiner, Sie begrüßen/empfangen mich gerade (wieder) mit einer Beschwerde.«

Es ist schwierig, bei einem Konflikt, der schon lange währt, die Worte »immer«, »jedes Mal, wenn« und »wieder« zu vermeiden. Sie bergen die Gefahr einer globalen Anklage. Da sich die Teilnehmerin aber gerade durch die ständige Wiederkehr des Gleichen zermürbt fühlt, schien uns die Möglichkeit hier angebracht.

Nach dem Drei-Satz-Modell folgen nun die verursachte Emotion und die gewünschte Aktion. Das Ganze muss dann mit Haltung, Blick und Stimme entsprechend ausgedrückt werden.

Bei Satz 2 entscheidet sich die Teilnehmerin für

»Das zermürbt mich.«

Dieses Gefühl spielt auf die dauernde Wiederholung an und setzt das Wort »wieder« im ersten Satz voraus. Ohne das Wort »wieder« und um keine zu großen Gefühle zu äußern, wäre auch ein Satz wie »Das irritiert mich« möglich. Ein »Das verletzt mich« wäre wohl klar und ehrlich, hält die Teilnehmerin jedoch für zu persönlich.

Jetzt ist die große Frage, was die Teilnehmerin – bezogen auf die Aussage im ersten Satz – von ihrer Nachbarin will. Viele Aufforderungen ex negativo kommen ihr hier in den Sinn: Sie möchte nicht im Hausflur damit überfallen werden, sie möchte nicht immer angemeckert und zurechtgewiesen werden, sie möchte, dass die Nachbarin damit aufhört usw. Aber wie kann ich das positiv formulieren? Eine schwierige Entscheidung. Auch folgender Satz scheint im Ergebnis nicht befriedigend: »Bitte klingeln Sie bei mir, wenn Sie etwas von mir wünschen.« Schließlich, sagt Claudia, will sie ja nicht ständig wegen irgendwelcher Beschwerden herausgeklingelt werden. »Bitte lassen Sie uns bei einer Tasse Kaffee in Ruhe darüber reden.« Nein, auch das ist Claudia zu viel. Frau Steiner zu Gast bei einer Tasse Kaffee – das möchte sie nicht. Eigentlich, sagt sie, will sie nur ihren Frieden haben. Sie sei aber immer bereit, auf berechtigte Forderungen einzugehen.

»Bitte lassen Sie uns doch freundlich Guten Tag sagen und geben mir Ihre Beschwerden schriftlich.«

Ja, das passt, damit ist Claudia zufrieden, denn das bedeutet, dass sie 1. den nötigen Respekt für sich einfordert und damit auch einen formal höflichen Umgang miteinander, 2. aber auch Frau Steiner ernst nimmt und ihr – wenigstens theoretisch – die Möglichkeit offen lässt, sich zu äußern. Insgeheim bleibt die Hoffnung, dass Frau Steiner beim schriftlichen Formulieren selbst einsieht, wie sehr sie übertreibt. Außerdem kann alles, was schriftlich wiedergegeben wird, auch gegen die Schreiberin benutzt werden – zum Beispiel vor der Verwaltung. Schließlich glaubt Claudia, dass Frau Steiner gar nichts Schriftliches verfassen wird. Damit hätte Claudia ihr Ziel erreicht: nämlich einfach in Ruhe gelassen zu werden.

Wichtig ist, diese Form von Selbstbehauptung anfangs nicht spontan auszuprobieren. Wählen Sie die Situation so, dass Sie in sie hineingehen und aus ihr auch wieder herausgehen können. So vermeiden Sie unnötige Diskussionen und können sich im Vorfeld besser vorbereiten.

Meine Teilnehmerin wusste inzwischen genau, wann Frau Steiner mit ihren Vorwürfen auf sie zukam. Nun wollte sie wieder einen dieser Momente abwarten, um dann mit souveräner Gelassenheit den Augenblick zu nutzen. Eine andere Möglichkeit wäre es, bei der Nachbarin zu klingeln. Das wäre für ein weiterführendes Statement angemessen, zum Beispiel, wenn die Teilnehmerin sich vornehmen würde, sich das öffentliche schlechte Gerede über ihre Person zu verbitten.

Claudia erzählte mir später, dass sie die Situation erst einmal vor dem Spiegel geübt hat und wie schwer es ihr gefallen ist, Blickkontakt zu halten. Die drei Sätze ohne Ausflüchte und Entschuldigungen zu sagen, empfand sie als sehr hart. Schließlich ist sie bei ihrem ersten Versuch gescheitert: Frau Steiner sei ihr sofort ins Wort gefallen und habe sie dann mit ihrem rheinischen Dialekt »platt geredet«. Darüber sei sie sehr frustriert gewesen. Trotzdem habe sie es ein zweites Mal versucht, und diesmal habe es geklappt. Im Prinzip hat sie genau die gleichen Sätze, die sie beim ersten Mal sagen wollte, gesagt, hat den letzten Satz ein zweites Mal wiederholt und ist dann gegangen.

»Frau Steiner, Sie begrüßen mich gerade wieder mit einer Beschwerde. Das zermürbt mich. Bitte lassen Sie uns doch freundlich Guten Tag sagen und geben mir Ihre Beschwerden schriftlich.«

Innerlich sei sie sehr aufgeregt gewesen, aber sie habe die Situation mit einem großartigen Gefühl verlassen: nicht mehr das Opfer zu sein, sondern eine, die sich selbst behauptet – das wäre einfach ein tolles Erlebnis. Auch die Verblüffung der Frau Steiner zu sehen, die mit offenem Mund dastand, habe ihr äußerst gut getan. Trotzdem habe sie auch das Gefühl gehabt, höflich geblieben zu sein und niemanden unnötig verletzt zu haben. Insgesamt, sagt Claudia, habe sie durch diese drei Sätze »ihre Würde wieder gefunden«.

Frau Steiner habe sich nie schriftlich an sie gewandt, ihr Verhältnis sei distanziert-höflich und von dem schlechten Gerede über sie würde sie wenigstens nichts mehr mitbekommen. Für Claudia ein Erfolg auf der ganzen Linie. Sie wird jetzt mit dem Drei-Satz-Modell weiter an der Beziehung zu ihren Mitmenschen arbeiten.

Nehmen wir noch ein scheinbar einfaches Beispiel aus dem Alltag. Für viele wird das geradezu banal klingen.

Eine Teilnehmerin erzählt von ihrem Kollegen Thorsten. Sie arbeiten beide in einem kleinen Büro und teilen sich eine Stelle. Da es dort nur altes Geschirr gibt, kauft sich die Teilnehmerin einen Kaffeebecher für die Arbeit. Dieser ist originell geformt und mit einer Katze darauf abgebildet. In letzter Zeit ist es nun fast täglich so, dass Thorsten, der schon vor ihr im Büro sitzt, sie mit ihrem Kaffeebecher in der Hand begrüßt. Zuerst ist es der Teilnehmerin egal und sie sagt sich innerlich quasi zum Trost, wie schön, dass ihm mein Becher so gut gefällt. Nach einiger Zeit wird sie sauer. Schließlich hat sie den Becher ja nicht für den Kollegen gekauft. Also sagt sie beim nächsten Mal etwas nörgelig: »Hör mal, Thorsten, das ist übrigens mein Becher; den hab ich mir extra fürs Büro gekauft.« Thorsten betrachtet den Becher interessiert und nickt. »Willst du auch einen Kaffee?«, fragt er unschuldig.

Am anderen Tag sitzt Thorsten wieder mit dem Katzenkaffeebecher da. Die Teilnehmerin sagt nichts, denkt sich Böses und bei nächster Gelegenheit, die überhaupt nichts mit der Sache zu tun hat, schreit sie ihn an: »... und du trinkst ja auch die ganze Zeit aus meinem Becher! Nur um mich zu ärgern. Genauso wie du dir immer meine Unterlagen nimmst und einfach den Anrufbeantworter löschst. Ich hab die Schnauze voll von deinem Gehabe!« und verlässt wütend den Raum.

Thorsten weiß nicht recht, wie ihm geschieht. Mit so einer aufbrausenden Reaktion hat er nicht gerechnet, nur weil er vergessen hat, die Post ins Fach zu legen. Die Teilnehmerin erklärt mir, dass ihr das Ganze hinterher Leid getan hat. Sie sei einfach explodiert und eigentlich sei Thorsten ein sehr netter Kollege, der jedoch ganz anders arbeite als sie. Im Chaos nämlich. Und darin finde er sich bestens zurecht. Nur für sie wäre es eine Quälerei, ständig nach verlorenen Unterlagen zu suchen oder vermisste Aufzeichnungen zu rekonstruieren. Manchmal hätte sie das Gefühl, dass er ihre Arbeit damit absichtlich boykottieren würde. Denn mit seinen Projekten würde er gerne im Rampenlicht stehen, während sie mit Ordnen und Sortieren oft im Hintergrund bliebe.

Was ist hier die Situation? Auf der Oberflächenstruktur geht es um einen Kaffeebecher. Das klingt fast lächerlich. Viele Seminarteilnehmerinnen bestätigen mir jedoch, dass sie dieses oder ein ähnliches Problem gut kennen. Da nützt es auch nichts, dem Kollegen einen eigenen Becher zu schenken – irgendwie greift er dann doch wieder wie manisch zur Tasse der Kollegin. Und jetzt mal ehrlich: Warum sollten wir dem Kollegen einen Becher kaufen, nur weil er unseren benutzt? Was ist es dann das nächste Mal? Und warum sollten immer dieselben mit geradezu mütterlicher Nachsicht für diejenigen sorgen, denen es scheinbar nicht gelingt, sich zu organisieren? Genauer betrachtet führt es ja auch in arbeitstechnischen Dingen zu vergleichbaren Verhältnissen. So wie Thorsten sich, vielleicht aus Bequemlichkeit, den schönsten Becher nimmt, ohne Rücksicht auf die Kollegin, so steht er auch – ihrer Meinung nach – mit den schönsten Projekten im Mittelpunkt. Und damit sind wir schon auf der Tiefenstruktur des Problems. Hier geht es sicherlich auch – wie so oft in kollegialen Kreisen – um Macht. Und auch hier hilft es nichts, für das Arbeitsprinzip des Kollegen Verständnis aufzubringen. Das führt genau dahin, wo wir mit dem Frau-Steiner-Problem schon waren: je mehr Verständnis, desto vielfältiger die Vorwürfe oder, wie hier, die Nachlässigkeiten des Kollegen. Allein die Tatsache, dass jemand nun einmal unordentlich ist, reicht nicht. Denn sobald zwei Menschen zusammenarbeiten, treten andere Regeln in Kraft, damit ein Team funktionieren kann. Kurz: Thorsten kann zu Hause gerne weiter unordentlich sein, auf der Arbeit muss er sich den Anforderungen einer Zusammenarbeit unterwerfen und das heißt: Unterlagen gleich zurückgeben, Post richtig einsortieren und Nachrichten nicht löschen oder unterschlagen. Das nennt man Kooperation, und die ist dort nötig, wo mehr als eine Person am Werk ist.

An dieser Stelle – und zwar beim Thema Kaffeebecher – ist es ganz wichtig, einfach einmal Stopp zu sagen. Und: In den kleinen Dingen an der Oberflächenstruktur spiegeln sich sehr deutlich die größeren Probleme. Das heißt umgekehrt auch, dass wir, indem wir auf der »niedrigeren« Ebene agieren (Thema: Kaffeebecher), das größere Thema damit erreichen können. Oder anders gesagt: Eine Kollegin, die sich nicht aus ihrem Kaffeebecher trinken lässt, lässt sich bei Projekten auch nicht so schnell in den Hintergrund drängen.

Was ist die Situation? Vorschläge waren: »Du benutzt einfach meinen Kaffeebecher, ohne mich zu fragen!« (Anklage + Vorwurf); »Immer nimmst du meine Sachen« (zu allgemein: immer, zu wenig konkret: meine Sachen). »Du respektierst fremdes Eigentum nicht« (Vorwurf + zu allgemein). »Ich ekele mich, wenn du aus meinem Becher trinkst« (keine Situation, sondern Gefühl – wenn auch vielleicht ehrlich). Wir einigen uns auf eine möglichst neutrale Formulierung:

»Thorsten, du benutzt regelmäßig meinen Kaffeebecher (so dass ich nicht daraus trinken kann, wenn ich zur Arbeit komme).«

Der eingeklammerte Teil ist eine Begründung. Die meisten Teilnehmerinnen möchten auf dieser Bekanntheitsebene Erklärungen abgeben, um nicht so hart dazustehen. Ich persönlich ziehe es vor, nur den ersten Teil zu sagen, ganz nebenbei (vielleicht mit einem »ach« eingeleitet und Blick auf den Becher) und mit betont gleichgültiger Stimme und Mimik. Zum Beispiel:

»Ach Thorsten, ich sehe, dass du gerade aus meinem Kaffeebecher trinkst.«

Ja, und wie würden Sie jetzt Satz 2 und 3 formulieren? Denken Sie einen Moment darüber nach, bevor Sie den Lösungsvorschlag lesen.

»Thorsten, ich sehe, dass du gerade aus meinem Becher trinkst. Das stört mich. Bitte kauf dir einen eigenen und benutze ihn auch.«

Satz 2 bietet viele Möglichkeiten. »Das stört mich« ist sicherlich die unverfänglichste. »Ich ärgere mich schon eine ganze Weile darüber« ist ehrlich, sollte aber nur dann gesagt werden, wenn das Verhältnis zu Thorsten das zulässt. Auch Gefühle wie »Ich ekele mich, wenn jemand anders aus meinem Becher trinkt« sind durchaus ernst zu nehmen, vor allem, da in vielen Büros nur mit kaltem Wasser gespült werden kann. Gut ist es, sich auch einmal über solche Gefühle klar zu werden. Die Frage ist, ob ich dieses Gefühl mitteilen möchte. Das muss jede und jeder für sich entscheiden.

Satz 3 (Bitte kauf dir einen eigenen und benutze ihn auch) ist extra so formuliert, um zu vermeiden, dass Thorsten sich zwar einen neuen Becher kauft, diesen aber dann doch nicht benutzt. Denken Sie an Teil 1 des Buches und formulieren Sie genau so, dass das, was Sie sagen, auch wirklich zu Ihrer Zufriedenheit eintreten kann. Das heißt, dass Sie bei Forderungen sehr konkret sein müssen. Haben Sie zum Beispiel Geld verliehen, das Sie schon über einen langen Zeitraum und trotz mehrerer Bitten nicht zurückbekommen haben, müssen Sie sehr konkret werden: Wann wollen Sie das Geld, wie viel Geld ist es, wo möchten Sie es erhalten usw.? Sagen Sie einfach nur »Ach, und denk dran, ich krieg noch Geld von dir«, wird die Person möglicherweise daran denken. Mehr aber auch nicht. Sie haben wenige Chancen, so tatsächlich Ihr Geld von einer

Sagen Sie immer genau, was Sie wollen!

Person zurückzubekommen, die Sie schon lange warten lässt. Also sagen Sie besser genau, was Sie wollen: »Peter, ich habe dir beim Bowling Geld geliehen. Bitte bring mir die 20 Euro am Freitag um 16 Uhr in den Club mit.« Sie können es noch mit einem »Ich verlasse mich auf dich« unterstreichen oder nachfragen: »Machst du das?«, damit Ihnen der andere den Termin bestätigt.

Manche denken vielleicht, das sei etwas lächerlich – wegen 20 Euro. An solchen Punkten sind aber schon langjährige Freundschaften kaputtgegangen. Und zwar nicht, weil einer zu wenig großzügig wäre, sondern weil Verabredungen unter Freunden eingehalten werden müssen. Es ist ein Unterschied, ob ich sage, ich lade dich ein oder ich leihe dir das Geld. Bekommt einer es dann nicht zurück, bleibt immer ein schlechter Nachgeschmack. Und beim nächsten Streit wird aus dem Freund ein »Schnorrer«, weil er »nie« seine Deckel bezahlt und den anderen »immer« ausnutzt. Tun Sie also Ihren Freunden den Gefallen und sprechen Sie klare Sprache, wenn Sie etwas von ihnen wollen. Sie vermeiden so auf Dauer Ungerechtigkeiten und schlechte Gefühle und machen den anderen mit Ihrer Ehrlichkeit wirklich ein freundschaftliches Geschenk.

Im Fall Thorsten habe ich auch positive Rückmeldung von der Teilnehmerin bekommen. Nachdem sie ihr Statement souverän angebracht hat, reagierte Thorsten erstaunt: »Ach so, der Becher, na du stellst dich aber an! Das hättest du doch auch früher sagen können.« Auf ihr »Na, das habe ich ja jetzt getan« kehrte erst einmal Ruhe ein. Thorsten trank seinen Kaffee aus einer der kaputten Inventartassen und meine Teilnehmerin freute sich über ihren Erfolg und darüber, dass sie ihren Becher nun benutzen konnte. Plötzlich war einiges nicht mehr ganz so ärgerlich wie vorher. Sie bemühte sich, ihre Anliegen sofort und möglichst im Drei-Satz-Modell zu formulieren. Egal, ob es um den Anrufbeantworter, die Post oder ihre Unterlagen ging: Von Mal zu Mal wurde es leichter, sich in den kleinen Dingen des Alltags zu behaupten. Das veränderte das Arbeitsklima insgesamt zum Positiven. Thorsten wusste nun, woran er war, und auch, wenn er mal wieder nach seinem

Tun Sie Ihren Freunden den Gefallen und sprechen Sie klare Sprache!

alten System handelte, wurde ihm doch sehr schnell bewusst, was die Zusammenarbeit erschwerte. Irgendwann äußerte er leicht entnervt: »Meine Güte, erst der Kaffeebecher, dann die Ablage und jetzt auch noch das neue Buchungssystem – was ist denn eigentlich mit dir los? Früher hat das doch auch alles geklappt.« – »Ja«, entgegnete seine Kollegin, »aber nur zu deiner Zufriedenheit. So macht aber auch mir die Zusammenarbeit mit dir wieder Spaß.«

Zum Schluss noch ein paar Übungsbeispiele für Sie, übrigens alles Beispiele von Teilnehmerinnen. Wichtig ist, dass sich die meisten Störungen schon über einen sehr langen Zeitraum wiederholen und so den Ärger jedes Mal potenzieren. Dagegen gibt es aber auch einmalige Störungen wie Reklamationen von Reparaturen und anderen Serviceleistungen, bei denen sich nicht an die Absprache gehalten wird.

Der Kollege kommt Ihnen regelmäßig unangenehm nahe, wenn er sich von hinten über Sie beugt, um auf Ihren Bildschirm zu gucken.

Wenn Sie ein Beratungsgespräch führen, kommt die Kollegin mit einer »ganz dringenden Bitte« hereingeplatzt.

Ein Kollege setzt sich häufig, ohne zu fragen, mit an den Tisch in der Kantine, an dem Sie mit der Freundin ungestört reden wollen.

Die rauchenden Kollegen lassen die Tür so offen stehen, dass der Qualm in Ihr Büro zieht.

Der Chef spricht sie gerne mit »Fräulein« an. Sie möchten mit »Frau« angesprochen werden.

Das Papier im Kopierer ist regelmäßig leer, wenn der Kollege dort kopiert hat.

Die Kollegin im Großraumbüro telefoniert so laut, dass Sie zuhören müssen und nicht selber sprechen können.

Ein Kollege hat im Spind pornografische Bilder und lässt den Schrank immer so offen, dass sie darauf blicken müssen.

Der Kollege, mit dem Sie sich duzen, spricht Sie mit »Mäuschen« an.

Für nachbarschaftliche/hausinterne Konfrontationen hier nur ein paar der am häufigsten genannten Konfliktpunkte: Rasenmähen in der Mittagszeit, Musik sehr laut, Toilettendeckel nicht geschlossen, Licht brennen lassen, Hecke zu hoch, Einfahrt/Gehweg zugeparkt, Hundekot auf dem Rasen, andauerndes Hundegebell, Tageszeitung genommen …

Sie holen Ihr Auto von der Inspektion ab. Der Wagen fährt nicht sicher in der Spur. Ihr Kraftfahrzeugmechaniker soll das sofort überprüfen.

Sie fragen genau, was die Strähnchen kosten, wenn Sie den Termin ausmachen. Später ist die Frisur um ein Drittel teurer als besprochen.

Sie haben Ihrer Putzfrau genaue Anweisungen gegeben. Trotzdem »vergisst« sie immer den Eingangsbereich und die Haustür.

Der Bruder Ihrer Freundin erzählt auf deren Feiern ab einem bestimmten Zeitpunkt immer frauenfeindliche Witze.

4.5 Selbstbehauptung im engsten Kreis

Familie und mehr …

Viele meiner Teilnehmerinnen wagen sich im Fortgeschrittenenkurs an das Konflikttraining auf Ebene 3, nämlich innerhalb der Familie. »Familie« bedeutet hier die eigene wie die Ursprungsfamilie, die Lebenspartner, sehr enge Freunde und Freundinnen, auch entferntere, aber wichtige Verwandte, kurz: alle wirklich emotional sehr nahe stehenden Personen.

Auch hier können Sie mit dem Drei-Satz-Modell arbeiten, zumindest sich immer wieder daran orientieren. Es gibt Beispiele, die in fast allen Kursen Thema sind: pubertierende Kinder, die laut und verletzend werden, Mütter, die nicht zuhören, oder Verwandte, die ihre Besuche aufdrängen. Selbstbehauptung im engsten Kreis ist eine heikle Angelegenheit, weil hier oft schwer unterschieden werden kann, was eigentlich die Situation ist.

Die Mutter ist von den ständigen Wutausbrüchen und Anfeindungen der Tochter oder des Sohnes genervt. Bei nächster Gelegenheit kommt es zum Streit, in dem alles durcheinandergeworfen wird. Es prasselt Verletzungen und Beleidigungen, die »gar nicht so gemeint sind«. Hinterher fühlen sich beide schlecht, oft folgen langes Schweigen oder Formen von »Bestrafungen« (Liebesentzug, Zimmerarrest, Taschengeldsperre etc.), die nur bewirken, dass noch größere Wut entsteht.

Versuchen Sie auch hier, immer wieder bei der Frage zu bleiben, was eigentlich die momentane Situation ist. Sind Sie noch sauer über die Unordnung der letzten Woche oder über das Zu-spät-nach-Hause-Kommen am Vorabend, so müssen Sie die aktuellen Ereignisse gut davon trennen und nicht alles in einen Topf werfen. Sie wollen mittags schlafen und Ihr Sohn hört sehr laute Heavy-Metal-Musik. Erster Schritt ist es, nach dem Drei-Satz-Modell ganz klar Ihre Bitte zu äußern:

»Florian, du hörst sehr laute Musik und ich möchte gerne schlafen. Das stört mich. Bitte warte damit bis vier Uhr, wenn ich ausgeruht bin.«

Ihr Sohn möchte aber jetzt Musik hören, um vier Uhr ist er beim Fußball. Versuchen Sie, gemeinsam eine Lösung zu finden. Wann stört es Sie weniger, wenn er laut Musik hört, ist er bereit, einen Kopfhörer zu benutzen, sind Sie bereit, Ihren Mittagsschlaf früher zu halten usw.? Gehen Sie nicht einfach Kompromisse ein, von denen der andere nichts weiß. Wenn Sie Ihren Tagesplan seinetwegen verändern, sagen Sie das auch und fordern Sie dafür ein Entgegenkommen seinerseits. Bleiben Sie sachlich – auch wenn die Situation eskaliert.

»Du hast mich gerade angeschrien und die Tür geknallt. Das verletzt mich. Bitte sprich in normaler Lautstärke mit mir und schließ die Türe leise.«

»Ja, wenn du immer an mir rummeckerst, dann kann ich auch ruhig sauer werden …«

Bleiben Sie weiterhin sachlich. Fragen Sie nach, was genau Ihr Sohn mit Rummeckern meint und was er sich von Ihnen wünscht. »Du sollst mich einfach nur in Ruhe lassen« reicht nicht. Sie wissen, dass das eine pauschale Forderung ist, keine konkrete Bitte. Fragen Sie nach, wie genau Ihr Sohn es sich vorstellt, wie mit dem Problem umgegangen werden soll. Vor allem: Fragen Sie! Es ist erstaunlich, wie leicht sich manche Konflikte lösen lassen, wenn nicht immer nur Sie selbst die Verantwortung für Lösungen übernehmen, sondern den anderen mit in die gemeinsame Verantwortung nehmen.

Die besondere Herausforderung auf dieser Ebene ist es, dass Sie jetzt situativ und spontan reagieren müssen. Das heißt, Sie haben sich nicht in Ruhe auf Ihre drei Sätze vorbereitet, sondern müssen im Augenblick der Diskussion zu dem Modell zurückfinden. Das ist eine hohe Kunst. Es hilft, sich immer wieder zwischendurch zu fragen: Was ist die Situation und was will ich eigentlich vom anderen? Erinnern Sie sich daran, Ihrem Gegenüber nicht das Schild »Kein Eingang« vorzuhalten, sondern das »Bitte benutzen Sie den Seiteneingang« (siehe Kapitel 1). Atmen Sie zwischendurch tief ein und aus, üben Sie Haltung, Blick und Stimme. Sagen Sie sich innerlich: Ich bin in einem Film und übe gerade Rhetorik. Auch das kann Ihnen helfen, sich nicht in böse Streitereien einzulassen, deren Worte und Ergebnis Sie am Ende vielleicht bereuen würden.

Sehr oft höre ich das Problem von der Mutter, die zwar fragt, wie es geht, dann aber sofort von sich selbst weiterredet und nicht mehr zuhört. Ob im direkten Kontakt oder am Telefon, viele meiner Teilnehmerinnen empfinden das als sehr verletzend und ignorant und stellen häufig den Kontakt zur Mutter ganz ein oder reduzieren ihn auf ein Minimum. Wie schade!

Bei einem solchen Anliegen empfehle ich, aktiv in das Gespräch hineinzugehen. Der persönliche Kontakt ist sicherlich besser als der fernmündliche. Hier sollten Sie einen Satz finden, der das Gespräch als Problembehandlung eröffnet.

»Mama, ich habe etwas auf dem Herzen, worüber ich gerne mit dir sprechen würde.«

Sie können auch nach dem Prinzip der Einwandvorwegnahme gleich zu Beginn sagen, dass dies ein schwieriges Thema für Sie ist und Sie sich sorgen, dass es darüber Streit geben könnte, wenn Sie jetzt miteinander darüber reden. Manchmal ist dann die Bereitschaft der anderen Seite etwas größer, zuzuhören, ohne sich gleich angegriffen zu fühlen.

»Ich habe allerdings Angst, dass wir uns streiten könnten oder dass du mich missverstehst.«

Ebenso gut können Sie vorwegnehmen, dass dieses Thema dem anderen vielleicht als Lappalie erscheint. Dies sind Strategien, mit denen Sie im Prinzip von vornherein beschwichtigen beziehungsweise Aufmerksamkeit für Ihr Thema bekommen wollen. Das ist nicht immer nötig. Vielen meiner Teilnehmerinnen war dies jedoch als Einleitung zum klärenden Gespräch sehr wichtig. Wir befinden uns ja auch hier nur auf der Oberflächenstruktur (unterbrochen werden) eines Problems, das meistens viel tiefer liegt (Desinteresse an der Tochter). Auf der familiären Ebene wird es nicht zu einem kurzen Drei-Satz-Sieg kommen. Sie wissen, dass ein längeres und auch tiefer gehendes Gespräch die Folge ist, wenn Sie dieses Thema ansprechen. Machen Sie sich also im Vorfeld klar, wie Ihre drei Sätze für Sie auf mehreren darunterliegenden Ebenen lauten könnten:

Oberflächenstruktur:
»Mutti, du fragst mich oft, wie es mir geht, und redest dann von deinen eigenen Erlebnissen. Das irritiert mich. Bitte hör mir erst einmal zu, was ich zu erzählen habe.«

Zwischenstruktur:

»Ich habe das Gefühl, dass du mich nur der Form halber fragst, wie es mir geht, wenn du sofort von deinen eigenen Erlebnissen berichtest.« Das so genannte Gefühl ist hier gar keines. Es ist ein »Verdacht«, jedenfalls ein rationaler Eindruck. Das Gefühl dazu wäre zum Beispiel:

»Das kränkt mich« oder »Das verletzt mich«.

Sie sehen, wie genau Sie auch auf diese Unterscheidung achten müssen. Besser wäre:

»Ich habe den Eindruck, dass du mich nur der Form halber fragst, wie es mir geht, wenn du sofort von deinen eigenen Erlebnissen berichtest.«

Und was wollen Sie?

»Bitte lass mir etwas mehr Zeit, damit ich dir in Ruhe antworten kann.«

Auf der Tiefenstruktur offenbart sich dann ein ganz anderes Problem:

»Ich habe den Eindruck, dass du dich nicht für mein Leben interessierst, wenn du so viel von dir erzählst.«

»Das beschäftigt mich und macht mich traurig.«

»Bitte hör meinen Erzählungen aufmerksamer zu, so dass wir auch über mich und mein Leben sprechen.«

Was Sie möchten, ist, dass über das Mitteilen auch ein Teilen entsteht. Das ist ein sehr schöner Wunsch. Sie möchten Ihre Mutter in Ihre Alltagssorgen, Erlebnisse und Lebensfragen einbeziehen, also ein Stück Welt mit ihr teilen. Vielleicht sogar, weil Sie sich einen guten Rat erhoffen. In erster Linie aber, um den Kontakt zu pflegen, den kommunikativen Kontakt, ohne den die Verbindung zueinander nur eine oberflächliche ist. Im Grunde wollen Sie also durch das Mitteilen und das Gehört-Werden eine tiefere Beziehung ermöglichen. Das ist das Positive an Ihrem Wunsch und so sollten Sie auch versuchen, ihn anzubringen. Eben als ein Geschenk an die andere Person. Sonst müssten Sie sich ja gar nicht diese Mühe geben und das Risiko eingehen, missverstanden zu werden. Sie könnten sich genauso damit abfinden, dass Ihre Mutter Ihnen nicht zuhört, und den Kontakt einschlafen lassen. Dass Sie sich aber so bemühen, zeigt, dass Ihnen an dem Verhältnis zu Ihrer Mutter viel gelegen ist.

Mit diesen Überlegungen im Gepäck und indem Sie sich im Vorfeld auf mehreren Ebenen darüber klar werden: Was ist die Situation, wie ist das für mich, was will ich von der anderen Person?, können Sie auch ein so schwieriges Gespräch souverän bestreiten.

Bleibt zum Schluss die Frage: Wie souverän will ich überhaupt sein? Blicken wir auf das Motto dieses Kapitels, »Die Klügere gibt so lange nach, bis sie die Dumme ist«, werden zwei Dinge deutlich:

Sofern Sie sich mit dem Drei-Satz-Modell oder auch einer anderen Methode selbst behaupten, sind Sie eben nicht diese Klügere oder Dumme, die aus einer altruistischen Haltung heraus stets zum Vorteil der anderen nachgibt. Denken Sie jedoch an das Beispiel mit dem pubertierenden Sohn, wird klar, dass diejenige, die sich mit Konfliktbewältigung beschäftigt, auch die ist, von der Gelassenheit und Größe erwartet wird. Manche meiner Teilnehmerinnen sagen – ganz zu Recht, wie ich meine –, dass sie eben nicht immer die Souveräne sein möchten. So würde von Mal zu Mal mehr erwartet, dass sie mit überlegener Weisheit auf die Gefühlsausbrüche der anderen reagieren und sich dadurch ständig unter Kontrolle halten. Hier ist es wichtig zu unterscheiden, wann Sie was machen. In einer emotional aufgeladenen Situation haben auch Sie das gute Recht, einmal laut zu werden, zu heulen oder zu toben und nicht einer Göttin gleich über den Dingen zu schweben und immer »das Richtige« tun zu müssen. Gefühlsausbrüche sind auch Teil eines Klärungsprozesses. Oft sagen wir aber dann sehr verletzende Sachen, die wir vielleicht nicht so meinten. Um das zu vermeiden, hilft es, auf unser Modell zurückzugreifen und sich auf eine faire Form und einen fairen Umgangston zu besinnen. Nehmen Sie sich das Recht auf Gefühle, aber lassen Sie diesen (zornigen) Gefühlen nicht freien Lauf. Es wird Sie mit größerer Zufriedenheit erfüllen, eine konfliktreiche Situation gut gemanagt zu haben, als in einem emotionalen Kleinkrieg zu enden.

5. Von Tigern und Drachen: Schlagfertigkeitsstrategien

Es gibt Gelegenheiten, da ist selbst das lakonische Drei-Satz-Modell noch zu lang und zu förmlich. Situationen, in denen wir einfach schnell reagieren müssen, ohne intensiv nachzudenken. Im Wesentlichen handelt es sich hierbei um Beleidigungen oder Anfeindungen. Vor allem Frauen, aber auch Menschen in untergeordneter beruflicher oder sozialer Position sowie Randgruppen jeder Art können davon viele Lieder singen.

Vom berühmten Nachpfeifen und Nachrufen beim Vorübergehen an einer Baustelle über anzügliche Witze und Kommentare von Kollegen bis hin zur eindeutig obszönen Anmache wiederholen sich die meist männlichen Entgleisungen auf primitive Weise. Aber auch unter Frauen, zum Beispiel im Kolleginnenkreis, kann ein sehr verletzender Ton herrschen, der oft zu intensivem Mobbing führt. Erschreckend ist die Art und Weise, in der Kinder sich während der Schulzeit und in ihrer Freizeit das Leben zur Hölle machen. Außenseiter, oft und gerade in jugendlichen Cliquen, werden hier auf Dauer zum Opfer und in die größte Verzweiflung getrieben. Es herrschen ähnliche Mechanismen wie schon in unserem Nachbarschaftsbeispiel, wo alles Entgegenkommen zu noch mehr Unterdrückung führt. Hier hilft nur eine schnelle, starke Reaktion, die keine längere Diskussion nach sich zieht, denn das »Opfer« muss sich vor weiteren Verletzungen schützen. Sehr erschrocken war ich über die Vielzahl von beleidigenden und verletzenden Bemerkungen, die ich als Selbstbehauptungstrainerin auf einem bundesweiten Kongress für lesbische Lehrerinnen zu hören bekam. Ob von Schülerinnen und Schülern, Kolleginnen und Kollegen oder seitens der Elternschaft – es war geradezu unmenschlich, welchen Anfeindungen sich viele lesbische Lehrerinnen aussetzen mussten. Und, ob lesbisch oder nicht, in Schulen herrscht generell ein hohes Mobbing-Potenzial – nicht nur gegenüber Randgruppen.

Um sich in einem solchen Fall zur Wehr zu setzen, gibt es viele Möglichkeiten. Das Problem ist nur, dass uns die schlagfertige Antwort meistens erst hinterher einfällt. Ach, wäre mir das doch nur gleich eingefallen! Aber dann ist es zu spät. Die Verursacher haben sich amüsiert, wir bleiben verletzt zurück und ärgern uns auch noch über uns selbst, weil wir nicht gleich die richtige Antwort parat hatten. Aber bedenken Sie: Im Moment eines solchen »Angriffs« sind wir erst einmal sprachlos. Wir wurden unvorbereitet getroffen und sind normalerweise nicht in der Lage, auch noch brillant und witzig darauf zu reagieren. Das heißt, wenn wir kein gnadenlos komisches Talent haben, fällt uns erst einmal nichts ein. Das ist normal. Deshalb ist es hilfreicher, sich nicht im Einzelfall zu üben, sondern sich mit ein paar grundsätzlichen Strategien vertraut zu machen und sich sozusagen die »Lieblingsstrategie« als Dauer-Kontertechnik zu eigen zu machen.

Im Grunde geht es nur darum, bei Beleidigungen und verbalen Gemeinheiten am Ende nicht wie ein »Mülleimer« dazustehen. Jemand lädt seinen »Dreck« auf Sie aus und Sie müssen ihn widerstandslos »ertragen«. Das erzeugt ein Gefühl von Machtlosigkeit und raubt Ihnen die Würde. Wenn es Ihnen aber gelingt, nicht sprachlos dazustehen und halbwegs souverän das letzte Wort zu behalten, können Sie sich erhobenen Hauptes aus dieser unschönen Situation herausziehen. Ihre Reaktion ist dann sozusagen ein Zeichen für Ihre Unantastbarkeit. Der Angriff, egal wohin er zielte, hat Sie nicht getroffen, solange Sie keine emotionale Reaktion zeigen.

Im Folgenden stelle ich Ihnen eine Auswahl an Strategien vor, die ich persönlich für wirkungsvoll halte. Weil es schwer ist, diese immer präsent zu haben und zu unterscheiden, habe ich sie, als Gedächtnisstütze, mit Tiernamen gekennzeichnet. Diese fünf Tiere besitzen eine durchaus kämpferische Tradition. Sie wurden als Teil des Kung-Fu-Trainings im Shaolin-Tempel entwickelt und über viele Jahrhunderte weitergegeben. Die Legende sagt sogar, dass die Nachahmung von Tierformen im alten China der Ursprung der Kampfkünste überhaupt sei. Werden diese körperlichen Übungsformen regelmäßig praktiziert, stärken sie die physische und psychische Kraft und geben den Kämpfern die Möglichkeit, sich in einer Auseinandersetzung auf die Qualitäten dieser Tiere zu besinnen und sie für sich nutzbar zu machen. So gibt es zum Beispiel im Tai Chi oder Karate den Stil des Kranichs und den Stil des Tigers, die von je eigenen Handtechniken, Stellungen und Bewegungsformen geprägt sind. Im übertragenen Sinne sind auch die folgenden Schlagfertigkeitsstrategien an eine bestimmte Tierform gebunden.

5.1 Der Stil des Tigers: Die Konfrontation

Ein Geist wie der Mond

Fangen wir ganz einfach an, mit dem, was Sie bereits kennen: unser Drei-Satz-Modell, zum letzten Mal. Auch im Schlagfertigkeitstraining hat sich dieses Modell bewährt. Jetzt ist das Schema noch klarer und kürzer. Sie müssen nicht lange nachdenken und Sätze konstruieren.

Jemand beleidigt Sie und Sie reagieren, ohne auf das Gesagte in irgendeiner Weise einzugehen, mit einer Klarstellung. Sie informieren – wieder ganz sachlich im Nachrichten-Ton – Ihr Gegenüber auf der Metaebene darüber, was gerade passiert.

Satz 1: Herr Müller, was Sie da gerade gesagt haben,
ist eine Beleidigung.
Satz 2: Das verletzt mich.
Satz 3: Bitte bleiben Sie sachlich.

Sie können diesen Satz vielfältig variieren:

- 1: Herr Müller, ich glaube, Sie versuchen gerade, mich zu beleidigen. Oder: Diese Bemerkung ist eine Beleidigung.
- Satz 2 können Sie auf beruflicher Ebene ganz wegfallen lassen, wenn Sie es für besser halten, Ihre Gefühle nicht preiszugeben.
- 3: Bitte entschuldigen Sie sich. Oder: Bitte lassen Sie uns ein anderes Mal weiterreden, wenn Sie sachlich bleiben können.

Britta, eine 17-jährige Gymnasialschülerin, erzählte mir von monatelangem Mobbing auf dem Schulhof. Sie berichtete, dass sie ohnehin eine Außenseiterposition habe, weil sie überdurchschnittlich gut sei in der Schule und auch sonst anderen Interessen nachging als ihre Klassenkameradinnen und -kameraden. Sobald sie nun in der Pause den Schulhof betrat, bewegte sich eine Gruppe Gleichaltriger auf sie zu und ärgerte sie mit verschiedenen Sprüchen, die auf die »Streberleiche« gemünzt waren. Da die Szene sich immer wiederholte, durchlief Britta ein Wechselbad der Gefühle: Erst wurde sie rot, dann ärgerlich, dann weinte sie, mal schrie sie etwas zurück oder rannte weg. Das machte alles nur noch schlimmer, und mehr und mehr Jugendliche fingen an, daran Gefallen zu finden, sie zu demütigen.[39] Nach meinem Seminar nahm sie ihren ganzen Mut zusammen, ging gezielt auf den »Anführer« der Gruppe zu und sagte ihm in drei Sätzen die Meinung:

»Nico, was du mir hinterherrufst, sind Beleidigungen. Das verletzt und kränkt mich sehr. Wenn du mir etwas sagen möchtest, dann sag es mir bitte auf faire Weise, ja. Danke.«

Daraufhin machte sich Nico noch ein wenig lustig über sie und sie entfernte sich. Obwohl ihr im Laufe der nächsten Tage immer noch vereinzelt etwas Spöttisches nachgerufen wurde, verbesserte sich die Situation für Britta. Die anderen der Gruppe, die ihr Statement mitbekommen hatten, fanden es jetzt nicht mehr so lustig, was ihr »Anführer« sagte, und auch dieser wurde etwas zögerlicher, so als habe er doch ein schlechtes Gewissen. Britta dagegen hatte ihre Würde wieder gefunden. Sie hatte sich auch damit Respekt verschafft, dass sie es überhaupt gewagt hatte, auf ihre Peiniger direkt zuzugehen.

Wichtig ist, dass Sie – ganz gleich in welchem Kontext – wieder mit gelassener Größe reagieren. Atmen Sie erst einmal tief durch und achten Sie auf Haltung, Blick und Stimme. Denken Sie an die Natur des Tigers: Der Tiger ruht kraftvoll in sich selbst. Seine Art ist majestätisch und würdevoll. Er thront wie ein König über den Tieren. Kleine spitzfindige Anfeindungen sind nicht auf seinem Niveau. Er überhört sie mit Gelassenheit und Größe, baut sich noch ein Stückchen höher auf

[39] Es gibt nur sehr wenig Worte, die diese Form von Mobbing treffend bezeichnen. Die meisten Worte sind verharmlosend (»veräppeln, hänseln, necken« usw.) oder vulgär (»verarschen«), benennen jedoch nicht den wahren Sachverhalt.

seinem Thron auf und klärt die Angelegenheit mit starker Stimme und einem festen Blick. Seine Parole ist: benennen, bewerten, befehlen:

Was du da sagst, ist eine Beleidigung. Ich erwarte, dass du dich dafür bei mir entschuldigst.

Der Stil des Tigers ruht in dem Kampfkunstprinzip »Ein Geist wie der Mond« (japanisch: Tsuki no kokoro). Das Mondlicht leuchtet gleichmäßig auf alle Dinge, auch auf die Schwächen des Gegners, und haftet nirgends.

Der Tiger lässt sich aus Erhabenheit und Erfahrung auf keinen Kampf ein. Er weiß: Wenn zwei Tiger kämpfen, wird der eine verwundet und der andere getötet.

5.2 Der Stil der Schlange: Ausweichen und Zubeißen

Hen-O: Reagieren ohne nachzudenken

Die Schlange ist schnell, schlau und wendig. Blitzartig zuckt sie zurück, um im selben Moment zuzubeißen. Ein Angriff gegen sie kommt gar nicht erst zum Ziel. Nach dem Motto »Aufnehmen und Zurückwerfen« trägt sie ohne große Mühe den Sieg davon.

Das Prinzip ist einfach: Die Beleidigung des Angreifers wird aufgenommen und mit souveräner, interessierter Haltung analysiert. Es scheint so, als hätten Sie die Beleidigung gar nicht verstanden, sondern Sie begeben sich wieder auf die Metaebene, also mit Blick von oben auf den Zusammenhang herab, und fragen nach.

»Na, Frau Bach, mit der Arbeit können Sie aber keinen Blumentopf gewinnen!«
»Sagen Sie, was genau meinen Sie eigentlich mit ›Blumentopf‹?«

Tun Sie interessiert. Denken Sie wieder an Inspektor Columbo und seine beinahe zufälligen Fragen, mit denen er den Fall am Ende löst. Oder stellen Sie sich vor, Sie sind eine Beamtin, die anschließend einen genauen Bericht verfassen muss, eine Detektivin, die einem Verbrecher auf der Spur ist, oder eine Forscherin, die sich mit Alltagssprache beschäftigt und Beispiele für ihr Buch sammelt. All das kann Ihnen helfen, die nötige Distanz aufzubauen, um erst gar keine Gefühle der Verletzung aufkommen zu lassen. Ich gebe zu, diese Haltung kann auch etwas arrogant rüberkommen, aber wenn jemand Ihnen abwertend begegnet, dürfen Sie ruhig ein wenig arrogant werden.

»Sieh mal an, wieder so eine Emanze auf dem Parkett.«
»Ach, was genau verstehen Sie unter ›Emanze‹? Das interessiert mich.«

»Was für Perversitäten wollen Sie denn noch unterrichten?«
»Wie definieren Sie das Wort ›Perversitäten‹?«

Noch effektiver wird diese Technik, wenn Sie gar nicht das beleidigende Wort oder die entsprechende Phrase aufgreifen, sondern irgendein anderes Haupt- oder Nebenwort des Satzes nehmen und dazu interessiert zurückfragen.

»Sieh mal an, wieder so eine Emanze auf dem Parkett.«
Ach, was verstehen Sie eigentlich genau unter »Parkett«?

»Was für Perversitäten wollen Sie denn noch unterrichten?«
»Was genau meinen Sie eigentlich mit ›unterrichten‹?«

»Na, Frau Bach, mit der Arbeit können Sie aber keinen Blumentopf gewinnen!«
»Was meinen Sie mit ›Arbeit‹?«

Durch diese Verdrehung der Strategie können spontan sehr lustige Antworten entstehen.[40] Der große Vorteil daran ist: Sie verblüffen. So-

[40] In einer Veranstaltung (hier: Bundeskonferenz lesbischer Lehrerinnen) haben wir mit dem Material und den Ergebnissen meines Seminars einen ganzen Sketch-Abend bestritten. Gezeigt wurden zunächst die Strategien sowie eine kurze Erklärung dazu. Darauf stellten die Teilnehmerinnen die Szenen nach, die ihnen tatsächlich so passiert sind. Die Angegriffene konnte sich dann mit ihrer Lieblingsstrategie zur Wehr setzen. Der Abend war ein voller Lacherfolg – und zwar auf Kosten der Beleidiger. Auf diese Weise konnten sehr schmerzhafte Erlebnisse ganz neu verarbeitet und überwunden werden.

bald Sie es schaffen, Ihr Gegenüber für einen Moment zu verblüffen, haben Sie gewonnen. Das, was Ihr »Angreifer« eigentlich bei Ihnen versuchen wollte, nämlich, Sie sprachlos zu machen, haben nun Sie erreicht. Das schenkt Ihnen Zeit, sich aus der Situation herauszuziehen und mit Würde davonzugehen. Sie haben das letzte Wort behalten, die Beleidiger verbleiben sprachlos. In einer Gruppe ist das auch für diejenigen, die eine Beleidigung geäußert haben, um ja schließlich einen Lacherfolg zu erzielen, äußerst peinlich. Die Pein, die Ihnen widerfahren sollte, bleibt nun beim »Angreifer« zurück.

Die Schlange verlässt sich auf ihren Instinkt und ihre Reflexe: Reagieren ohne nachzudenken.

5.3 Der Stil des Drachen: Das große Erstaunen

Mushin: Der absichtslose Geist

Wenn wir einem Drachen begegnen, sind wir erst einmal erstaunt. Drachen trifft man nicht jeden Tag. Ob er nun wirklich nur ein Fabelwesen ist oder ein Relikt aus Dinosauriertagen, bleibt dahingestellt. Unser Drache jedenfalls fabuliert gern und er verfügt – laut Kampfkunsttradition – über das magische Lachen. Natürlich kann er außerdem fliegen und macht sich geradezu märchenhaft schnell aus dem Staub. Seine Strategie ist einfach, aber brillant. Aus seinen zahlreichen Geschichten und Legenden verfügt er über einen Schatz von Redensarten und Sprichwörtern, die er im Zweifelsfall einfach irgendwie einsetzt. Dem Drachen fehlt der Erfahrungsschatz von Menschen, die ein Sprichwort zum richtigen Zeitpunkt am richtigen Ort verwenden. Er greift einfach in sein großes Sortiment von Wendungen und wirft sie seinem »Gegner« zu. Während dieser noch nachdenkt, ist der Drache längst mit einem magischen Lachen fortgeflogen.

Stellen Sie sich vor, Sie werden in irgendeiner Form beleidigend angesprochen. Sie blicken gleichgültig, aber direkt in die Augen Ihres Anfeinders und sagen mit größter Gleichmütigkeit irgendein berühmtes oder auch banales Sprichwort, das bestenfalls überhaupt nicht zu der Situation passt: »Übung macht den Meister.« Oder: »Lieber einen Spatz in der Hand als eine Taube auf dem Dach.«

Angriff: »Schalten Sie erst mal Ihr Gehirn an, bevor Sie etwas sagen.«
Antwort: »Die Axt im Haus erspart den Zimmermann.« Oder: »Der frühe Vogel fängt den Wurm.«

Angriff: »Na, wieder mal im Dunkeln in den Kleiderschrank gegriffen?«
Antwort: »Was dem einen recht ist, ist dem andern billig.«

Genau wie bei der Schlangentechnik wird es auch hier wesentlich amüsanter und effektiver, wenn Sie das Gewohnte oder Logische etwas verdrehen. Zimmern Sie sich Ihre eigenen Sprichwörter zusammen oder merken Sie sich ein, zwei lustige Abwandlungen, mit denen Sie dann endgültig Verwirrung stiften.

Angriff: »Schalten Sie erst mal ihr Gehirn an, bevor Sie etwas sagen.«
Antwort: »Tja, die zweite Maus kriegt den Käse.«

Angriff: »Na, wieder mal im Dunkeln in den Kleiderschrank gegriffen?«
Antwort: »Wer's glaubt, wird selig, und wer backt, wird mehlig!«

Im Grunde genommen bedeutet diese Strategie: Du redest nicht ernst zu nehmenden Unsinn, also rede ich auch nicht ernst zu nehmenden Unsinn. Indem Sie irgendeinen Spruch dahersagen, signalisieren Sie Ihrem Gegenüber, dass dessen Angriff überhaupt nicht bei Ihnen angekommen ist. Im Gegenteil: Ihre Reaktion lässt eher ein Spiel vermuten, auf das Sie sich gut gelaunt einlassen. Denken Sie an das Schmunzeln auf Ihren Lippen und sagen Sie Ihre Wendungen in einem fröhlichen, munteren Ton.

Tatsächlich kann es sogar recht häufig passieren, dass Ihr Standard-Sprichwort ungewollt einen sehr tiefen Sinn entfaltet, wenn man darüber nachdenkt. Oder dass es einfach passt, obwohl Sie das gar nicht vorhatten.

Angriff: »Na, wieder mal im Dunkeln in den Kleiderschrank gegriffen?«
Antwort: »Tja, der frühe Vogel fängt den Wurm!«

Umso besser. Alle werden Ihre schlagfertigen Spitzfindigkeiten bewundern. Und anstatt sich regelmäßig über stichelnde Mitmenschen zu ärgern, bringen Sie noch eine Portion Humor mit hinein und machen es dadurch für sich und andere leichter. Die poetische Krönung des Ganzen ist das freizügige Kontern mit unpassenden Zitaten. Diese können bekannt sein oder nicht, umgewandelt oder ausgedacht, von Ihnen selbst oder von berühmten Dichtern und so weiter, Hauptsache, es klingt poetisch. »Mushin«: Mache deinen Geist frei von unnötigen Gedanken.

»Na, wohl ein bisschen zu lange unter der Trockenhaube gesessen, was?«
»Du sprichst ein großes Wort gelassen aus!« (Goethe: Iphigenie auf Tauris, 1,3)

»Hast wohl dem Chef mal wieder die hübschen Beine gezeigt, was?«
»Die Botschaft hör ich wohl, allein mir fehlt der Glaube!« (Goethe, Faust I, Nacht)

Egal, was die anderen Ihnen an den Kopf werfen, Sie haben immer eine Antwort parat. Auch bei plumpen Anmachen oder obszönen Bemerkungen ist diese Strategie sehr wirkungsvoll. Schauen Sie einfach in Büchmanns »Geflügelte Worte« oder in einen Zitatenschatz – es gibt unendlich viele schöne Zitate, die auf die eine oder andere Weise passen – oder eben gerade nicht passen.

»Es wandelt niemand ungestraft unter Palmen.« (Goethe: Die Wahlverwandtschaften, II, 7)

»Das also war des Pudels Kern!« (Goethe: Faust I, Studierzimmer)
»Ein unnütz Leben ist ein früher Tod.« (Goethe: Iphigenie auf Tauris, 1,2)
»Ein lebendiger Hund ist besser als ein toter Löwe.« (Bibel, Salomo, 9,4)

»Man spricht vergebens viel, um zu versagen.« (Goethe: Iphigenie auf Tauris, 1,3)

Sollten Sie genügend Zeit haben, um eine längere Antwort geben zu können, bieten sich auch ganz hervorragend das Werk von Wilhelm Busch sowie der »Struwwelpeter« von Heinrich Hoffmann als Zitatenschatz an.

»... und die Mutter blicket stumm auf dem ganzen Tisch herum.«
»Ja, ja! In diesen Topf von Stein, Da machte man den Peter ein, (Der, nachdem er anfangs hart, Später weich wie Butter ward).« (Wilhelm Busch: Der Eispeter)

Mit diesen oder anderen vergnüglichen Zitaten aus der Weltliteratur und einem magischen Lachen breiten Sie Ihre Drachenflügel aus und setzen sich über die banalen Sticheleien Ihrer Umwelt mit geradezu märchenhafter Anmut hinweg.

5.4 Der Stil des Kranichs: Ein Geist wie das Wasser

Mizu no kokoro: ein Geist wie das Wasser

Der Kranich ist das Sinnbild der Gelassenheit und verfolgt die Kampfkunststrategie »Mizu no kokoro«. Er steht so ruhig auf einem Bein, dass die Wasseroberfläche keine Wellen wirft und er sowohl sein Ziel (den Fisch) erkennen als auch sein eigenes Spiegelbild erblicken kann. Der Kranich kommt von weither geflogen, hat viel von der Welt gesehen und ist entsprechend weise. Und: Er hat Zeit. In der Kampfkunsttradition – vor allem im Tai Chi – verfügt der Kranich über besonders elegante Bewegungen, Stellungen und Handtechniken. Im Gegensatz zu den anderen Tieren gibt er kein Geräusch und keinen Ton von sich, sondern ist stumm und blickt weise. Seine Haltung impliziert Unnahbarkeit, Großmut und Würde.

Die Schlagfertigkeit des Kranichs beschränkt sich auf Stille und Schweigen. Der Kranich spricht mit den Augen. Auf Anfeindungen reagiert er mit Mitleid. Umgeben von einer geradezu heiligen Aura bleibt er unberührt und unantastbar. Aus seinen Augen spricht es mit aufrichtigem Mitleid: »Friede sei mit dir.« Umhüllt von einem kaum sichtbaren Lächeln und einem verklärten Blick schwebt er über der grotesken Wirklichkeit kleinlicher Sticheleien und hüllt sich in Schweigen.[41]

Sollte der Kranich aus einer Laune heraus doch geneigt sein, etwas zu bemerken, so verfolgt er die Technik der Spiegelung. Er sieht die Bedürfnisse und Zustände der anderen. Und es tut ihm wirklich leid.

»Wie schade, dass du dich gezwungen siehst, in dieser Art und Weise mit mir zu reden.«
»Aus deinen Worten höre ich großen Unmut heraus.«
»Ich sehe, dass du gerade sehr aufgeregt bist.«
»Wie traurig, dass Sie so plumpe Worte nötig haben.«
»Du musst sehr verletzt sein, wenn du so mit mir redest.«
»Es macht mich traurig, zu sehen, dass du so abwertend wirst.«

Der Kranich diskutiert nicht auf der Ebene der Angreifer. Er spiegelt ihr Verhalten und zieht sich dann in Schweigen zurück. Der Kranich beobachtet und wartet ab. Die Fehler der anderen sieht er mit Gnade und verzeiht noch im gleichen Augenblick. Es ist nicht Arroganz oder Überheblichkeit, sondern eine Art trauriges Mitleiden, das ihn in seiner Mitte ruhen lässt.

Bettina, die ehrenamtlich für einen gemeinnützigen Verein arbeitet, hatte regelmäßig überhitzte Diskussionen und Streitereien mit einer

[41] Eine gute Gelegenheit, diesen Gesichtsausdruck zu üben, ist eine längere Fahrt auf der Autobahn. Ich persönlich rege mich trotz aller Bemühungen immer noch viel zu viel über den Krieg auf, der auf unseren Straßen herrscht. Im Selbstversuch habe ich erfolgreich herausgefunden, dass ein nicht sarkastisches, quasi erleuchtetes und sehr friedvolles Lächeln auf den Lippen auch lange Autofahrten sehr entspannt werden lässt. Sie fühlen sich dadurch innerlich viel ausgeglichener und reagieren auf die Fehler der anderen mit mehr Nachsicht.

Referentin, auf die der Verein sehr angewiesen war. Meistens ging es um Gelder, um Quittungen oder die Bezahlung von Trainings, denn Bettina hatte die Aufgabe, die finanziellen Angelegenheiten für ihren Verein zu regeln. Immer wieder geriet sie mit der Referentin aneinander, die schnell jähzornig wurde und regelmäßig Wutanfälle bekam. Trotzdem musste sie mit ihr weiter verhandeln, denn schließlich ging es um Vereinsangelegenheiten, die dringend geklärt werden mussten. Dabei kam es ihr vor, als müsse sie persönlich nun den Kopf hinhalten, für etwas, das sie gar nicht verursacht hatte. Unmut über die Ausstattung der Räume, über Zahlungsmodalitäten und persönliche Feindseligkeiten prasselten unsortiert auf sie nieder.

Nach einem kurzen Coaching empfahl ich Bettina die Strategie des Kranichs. Kurz darauf erzählte sie mir voller Freude von ihrem ersten Erfolg: Sie hätte zunächst orientiert am Drei-Satz-Modell sehr klar und ruhig die Forderungen ihres Vereins formuliert und sei damit erst einmal gut durchgekommen. Im Laufe der Verhandlung wurde die Stimmung jedoch immer angespannter. Es hagelte wieder Vorwürfe an die Mitglieder des Vereins im Allgemeinen und im Besonderen und recht schnell wurde die Referentin laut und ausfallend in ihrer Wortwahl. Daraufhin betrachtete Bettina ihr Gegenüber mit ausdruckslosem Gesicht, hörte aufmerksam, aber gleichmütig zu und stellte sich vor, sie sei ein Kranich. Dann sagte sie mit der größten Gelassenheit, die ihr möglich war:

»Ich sehe, dass du sehr aufgeregt und wütend bist.«

Die Referentin stutzte zuerst, besann sich aber gleich wieder und entgegnete immer noch laut: »Natürlich bin ich sauer, dazu habe ich auch allen Grund, wenn ihr (…) euch immer so …« usw. Daraufhin erklärte Bettina immer noch in ruhigem Ton und mit offener Haltung:

»Du musst sehr verletzt sein, wenn du in einem solchen Ton mit mir redest. Es tut mir leid, dass du offensichtlich so verärgert bist, dass du solche Worte benutzen musst.«

Die Referentin hielt im gleichen Moment inne. Als hätte es bei ihr Klick gemacht, atmete sie tief durch und wurde sich ihrer mangelnden Selbstkontrolle bewusst. Flugs versuchte sie das Gespräch in sehr sanftmütigem Ton auf der persönlichen Ebene weiterzuführen: »Du musst verstehen, ich hab das immer wieder erlebt, mit dir kann ich ja darüber reden … usw.« Bettina hielt sich im restlichen Verlauf des Gespräches sehr zurück, notierte sich in Gedanken ein paar Aussagen und kam schließlich wieder auf den Grund ihres Besuches zu sprechen. Indem sie noch einmal betonte, dass sie die geschäftliche Angelegenheit klären müsse, wiederholte sie ihr Anliegen und bekam von der Referentin nun ohne langes Zögern die gewünschte Unterschrift.

Hinterher sagte sie mir, es habe sich ein bisschen wie ein Spiel angefühlt. Einen Moment lang habe sie sich sogar fast wie eine Therapeutin gefühlt, die ihrer Klientin nur den Spiegel vorhält. Sie sei sehr verdutzt gewesen, dass sich die Referentin tatsächlich wieder beruhigt habe und ein geradezu angenehmes Gespräch daraus wurde. Das Bild des Kranichs habe ihr immer geholfen, nicht wütend und persönlich angegriffen zu sein, sondern in sich selbst ein großes unbekanntes Potenzial an Gelassenheit zu entdecken. Geradezu eine kleine Erleuchtung!

5.5 Der Stil des Leoparden: Schnelligkeit und Kampfgeist

Shin Nyo: Vollendete Geistesgegenwart

Der Stil des Leoparden ist schnell erklärt: Laufstark, geschmeidig, blitzschnell und bissig rennt der Leopard einfach an seinem Kontrahenten vorbei und hinterlässt ihn in Verblüffung. Er praktiziert das Kampfkunstprinzip der vollendeten Geistesgegenwart und nimmt alles wahr: passiv und wachsam.

Wann immer Sie – vor allem im öffentlichen Kontext – »blöde angemacht« werden, seien Sie geschwind und brillant wie der Leopard. Dazu haben Sie sich vorher drei oder mehr Sätze bereitgelegt und wählen nach Lust und Laune aus. Was auch immer Ihnen entgegengeschmettert wird, ein »an Ihrer Stelle würde ich das auch sagen« wendet den Angriff unmittelbar auf Ihr Gegenüber zurück. Gleichzeitig bedeuten Sie ihm damit, dass Sie, wenn Sie sich in einem ebenso kümmerlichen Gemütszustand befinden würden, eben auch nur so reden könnten.

»Sieh mal an, wieder so eine Emanze auf dem Parkett.«
»An Ihrer Stelle würde ich das auch sagen.«
»Na, Frau Bach, mit der Arbeit können Sie aber keinen Blumentopf gewinnen!«
»An Ihrer Stelle würde ich das auch sagen.«

Es hat ein bisschen etwas von der kindlichen Reaktion: selber (Emanze)! Aber im Grunde stellen Sie Ihrem Gegenüber ein Armutszeugnis aus. Mehr ist von ihm einfach nicht zu erwarten. Jemand greift Sie auf diese uncharmante Art an, und das outet ihn selbst als ein ganz kleines Würstchen, im Stil: Wenn ich an Ihrer Stelle wäre, würde mir auch nichts Besseres einfallen. »An Ihrer Stelle würde ich das auch sagen« – dieser Satz passt einfach immer. Sie brauchen nicht lange nachzudenken. Schnell wie ein Leopard werfen Sie Ihr Statement hin und sind auch schon wieder verschwunden. Der Angreifer muss mit der Peinlichkeit leben, nicht Sie.
Einen ähnlichen Effekt erreichen Sie mit: »Sie hätten mich mal gestern sehen sollen!«

Angriff: »Na, wieder mal im Dunkeln in den Kleiderschrank gegriffen?«
»Sie hätten mich mal gestern sehen sollen!«

»Sieh mal an, wieder so eine Emanze auf dem Parkett.«
»Sie hätten mich mal gestern sehen sollen!«

Mit Ihrer Antwort tun Sie so, als seien Sie auch noch stolz auf das, was man Ihnen vorwirft. Und dass das, was Ihr Gegenüber sieht, nur ein Bruchteil dessen ist, was Sie sonst noch draufhaben. Auf ganz einfache und schnelle Weise machen Sie so Ihren Angreifer lächerlich. Und denken Sie daran: Als Leopard sind Sie zwar blitzschnell, aber Sie verfügen nicht über eine große Ausdauer. Deshalb muss Ihre Antwort kurz und Sie müssen schnell wieder weg sein.

»Ach, das reimt sich ja gar nicht.«

Auch damit stiften Sie Verwirrung und können sich mit einer guten Pointe aus dem Staub machen.

Angriff: »Schalten Sie erst mal Ihr Gehirn an, bevor Sie etwas sagen.«
»Ach, das reimt sich ja gar nicht.«

»Hast wohl dem Chef wieder mal die hübschen Beine gezeigt, was?«
»Ach, das reimt sich ja gar nicht.«

An allen drei Beispielen, denen Sie noch eigene hinzufügen können, zeigt sich: Der Leopard ist von Natur aus erhaben. Er beleidigt nicht, sondern bleibt höflich, er bewegt sich mit Grazie und Stolz an allem niederem Gezänke vorbei und achtet nicht auf die Umstände, denn: er hat anderes, Wichtigeres im Sinn. Der Leopard, so bildschön wie er gezeichnet ist, zieht nun einmal den Neid seiner Umwelt auf sich. Aber für so etwas Profanes hat er keine Zeit. Er ist immer auf der Jagd.

Nachgedacht

Über die Kunst des Schweigens

Ein Rhetorikbuch, ein Buch über die alte Kunst der Rede und des Redens, das mit einem Plädoyer für das Schweigen endet! Wieso das?

In den Jahren meiner Seminartätigkeit, im Alltag und auch im Berufsleben ist mir immer mehr aufgefallen, dass Kommunikation nur in einem sehr begrenzten Maße der Verständigung dient. Vielmehr beobachte ich ein Umeinander-Herum- und Aneinander-vorbei-Reden.

Nun liegt es in der Struktur unseres Denkens, Dinge oft nur dann begreifen zu können, wenn wir Parallelen zu unseren eigenen Erfahrungen ziehen. Aber wie oft ergeht es mir, dass ich etwas erzählen möchte und – ohne ganz geendet zu haben – von einer »ähnlichen« Geschichte meines Gegenübers überfahren werde: »Ja, genau so etwas haben wir auch einmal erlebt …«; »Bei mir ist das auch immer so, wenn …«; »O ja, das kenne ich auch, letztens hat doch …« usw.

Eine andere Strategie des Nicht-Zuhörens (= Nicht-Miteinander-Redens) ist die, sofort mit Lösungen und Vorschlägen zu kommen – auch wenn eine Angelegenheit noch gar nicht ganz erzählt ist: »Also ich mache das dann immer so …«; »Ja, aber könntest du denn nicht einfach …?«; »An deiner Stelle würde ich …« Oft geht es uns aber darum, für eine Sache einfach Gehör zu finden, das heißt, uns selbst Ausdruck zu verschaffen über die Dinge, die uns bewegen. Wie schön wäre es, wenn uns jemand ausreden und einfach Raum dafür oder Mitgefühl geben würde. Mehr nicht.

Interessant ist auch die Variante »Reden, um sich zu retten«. Die Nachkriegsautoren der Gruppe 47 und die so genannten »Neostrukturalisten« haben dieser Strategie ganze Theorien gewidmet: Reden, um zu überleben. Michel Foucault nennt es »das unendliche Geblöke der Wörter«.[42]

Dabei geht es mir eher um die heutige Tendenz, sich durch langwieriges Diskutieren vor dem praktischen Üben oder vor Tatsachen zu retten. Mehr als das »Gut, dass wir darüber geredet haben« wird Sprechen als Mittel benutzt, um schwierigen Dingen durch Theoretisieren aus dem Weg zu gehen. Gerade in meiner Tätigkeit als Karate- und Selbstbehauptungslehrerin erlebe ich immer wieder: Sobald eine schwierige Übung ansteht, kommen zuerst einmal die ganzen Wenn und Aber ins Feld und es wird versucht, so lange zu reden, bis keine Zeit zum Praktizieren mehr bleibt. Setze ich mich allerdings schnell durch, erfahren alle, dass das praktische Üben viel mehr Erkenntnisse liefert als das ganze Argumentieren zusammen.

Und immer öfter begegnet es mir, dass die wirklich schönen Momente, die intensiven Augenblicke des Miteinanders oder in der Natur, gnadenlos platt geredet werden von Menschen, die verlernt haben, die Dinge einfach für sich selbst sprechen zu lassen. Ich habe schon viele interessante und bereichernde Gespräche und Begegnungen erlebt – auch und immer wieder im Urlaub. Wenn ich mich aber zurückbesinne auf die Dinge, die mir wirklich im Gedächtnis geblieben sind, dann ist das die stille Pause auf einem Felsen während einer langen Gebirgswanderung, die innere Freude, gemeinsam in ein Lagerfeuer oder in die Augen des anderen zu blicken und einfach zu schweigen, das leise Surren der Langlaufskier auf einem optisch und akustisch völlig stillen verschneiten Waldweg.

Reden ist etwas, das unsere sinnliche Wahrnehmung übertönt, ja sogar dazu führen kann, diese zu verdrängen. Etwas, das uns von unserem Gegenüber und unserer Umgebung entfernen kann, anstatt uns zu verbinden. So kann uns das viele Reden auch von uns selbst, von unseren Sinnen, unserem Empfinden und unserem Sein entfernen. In einem Zeitalter, in dem jede kleinste Verabredung über viele Medien etliche Male bestätigt und wieder verschoben wird, so dass wir uns am Ende gar nicht mehr persönlich, sondern nur noch in Mitteilungen treffen, ist es umso wichtiger, dem Schweigen wieder Raum zu geben, um uns wirklich begegnen zu können.

[42] Michel Foucault: Das unendliche Sprechen. In: M. F.: Schriften zur Literatur. Übersetzt von Karin von Hofer. München 1974, S. 90–103.

Die Taoistischen Gesundheitsübungen

Tai-Chi-Übungen im Anhang eines Rhetorikbuches? Ja, denn diese Übungen geben Ihnen die Möglichkeit, sich dauerhaft wirklich zu zentrieren, so dass Sie auch schwierige Kommunikationssituationen souverän meistern.

In meinen Seminaren habe ich die Erfahrung gemacht, dass Bildung und Bewegung wie zwei Seiten einer Medaille zusammengehören. Der Körper lernt, was der Geist nicht erfasst, und der Geist vollbringt die größten Höhenflüge, wenn er von der Bewegung begleitet wird. Deshalb sind meine Seminare auch immer eine Mischung aus Bildung, Bewegung und Entspannung: morgens Taoistische Übungen, vormittags Rhetorik und nachmittags einfache Karate- und Selbstverteidigungstechniken, abgerundet durch Tiefenentspannung. Das komplette Programm kann Ihnen ein Buch natürlich nicht bieten. Aber wenn Sie diese Übungen in Ihrem Repertoire haben und mehr oder weniger regelmäßig und vollständig praktizieren, werden Sie spüren, wie groß ihr entspannender und konzentrierender Einfluss auf Ihren Alltag ist. Und vor allem auf Ihre Haltung, Ihren Blick, Ihren Atem, Ihre Gesten … kurz: auf alle wesentlichen Elemente einer gelungenen Kommunikation.

Die Taoistischen Gesundheitsübungen werden in unterschiedlichen Ausführungen an Tai-Chi-Schulen gelehrt. Ich persönlich habe die Übungen vor vielen Jahren auf einer Kampfkunstwoche in den Niederlanden kennen gelernt. In meiner Arbeit als Seminarleiterin, Karate- und Tai-Chi-Lehrerin habe ich die Übungen im Laufe der Jahre immer weiter modifiziert, so dass sie auch den Gesundheitsanforderungen einer modernen Trainingslehre genügen. Ebenso habe ich die Namen der Übungen leicht verändert, um positive, inspirierende Bilder zu erzeugen.

Diese einfachen Übungen sind hervorragend geeignet, einen leichten Einstieg in das schwierige Feld von Qigong und Tai Chi zu nehmen. Am besten ist es, die Übungen in einem Seminar zu erlernen[43] und diese Beschreibungen nur als Gedankenstütze zu nutzen. Bitte erkundigen Sie sich aber in jedem Fall, ob Sie gesundheitlich dazu in der Lage sind, die Übungen zu praktizieren.

Am wirkungsvollsten sind die Übungen im Freien oder am geöffneten Fenster, da der Atem eine sehr wichtige Rolle spielt. Alle Bewegungen beginnen nach links, also zur Herzseite, und werden 6- bis 9-mal oder 12-mal wiederholt. Tasten Sie sich langsam an die Übungen heran und hören Sie auf Ihren Körper: Jede Bewegung darf nur so weit mitgemacht werden, wie es ohne Schmerzen möglich ist.[44]

Es gibt drei wichtige Übungskriterien:

1. Die Vorstellungskraft: Also, sagen Sie sich die Namen der Bilder innerlich zu jeder Übung dazu und wiederholen Sie diese. Konzentrieren Sie sich ganz auf die Bewegung, die Sie gerade vollziehen, ohne dabei schon an das Nächste, die andere Seite oder Sonstiges zu denken.

2. Der Atem: Lassen Sie ihn fließen, wie es Ihnen angenehm erscheint – normalerweise ausatmend, wenn Sie sich anstrengen. Dies ist aber je nach Atemtypus verschieden.[45]

3. Das innere Lächeln: Es ist manchmal auch äußerlich zu erkennen und eines der wichtigsten Modalitäten. Lassen Sie ein inneres Lächeln durch Ihren ganzen Körper strahlen. Das gelingt oft erst, wenn der Ablauf der Übungen automatisiert ist.

Ich wünsche Ihnen viel Wohlbefinden, Entspannung und neue Energie mit den Taoistischen Übungen.

---

[43] Siehe www.chikara-frauen.de. Auch von mir ausgebildete Trainerinnen und Trainer bieten die Taoistischen Übungen als Seminar oder im laufenden Shuri-ryu-Karatetraining an.

[44] Vgl. Luisa Francia: Auf Katzenpfoten zur Nirwanarolle. München 2004.

[45] Vgl. Romeo Alavi Kia und Renate Schulze-Schindler: Sonne, Mond und Stimme. Atemtypen in der Stimmentfaltung. Bielefeld 2002.

1 Eintritt in das Haus des Qigong

Nehmen Sie sich Zeit und einen ruhigen Ort für die Übungen. Es kommt nicht darauf an, wie oft und regelmäßig Sie üben, sondern darauf, dass Sie diese Übungen überhaupt praktizieren.

Stellen Sie sich schulterbreit und bauen Sie Ihren Tai-Chi-Stand auf: die Knie leicht gebeugt, die Wirbelsäule aufgerichtet, Schultern locker, der Blick geht in die Ferne, der Scheitelpunkt zielt zum Himmel. Atmen Sie einmal tief ein und aus. Geben Sie dann das Gewicht Ihres Körpers auf den Füßen vom Ballen bis zur Ferse, so dass Sie in ein leichtes Schaukeln geraten. Spüren Sie den Mittelpunkt unter Ihren Füßen. Kommen Sie hier zur Ruhe und geben Sie noch einmal in den Knien nach. Bewegen Sie nun das Becken leicht vor und zurück – vom Rundrücken zum Hohlkreuz. Suchen Sie auch hier die Mitte und sinken Sie in diese Mitte hinein. Richten Sie die Wirbelsäule auf wie an einem seidenen Faden. Das Kinn ist leicht angezogen, die Arme hängen entspannt. Entspannen Sie Ihr Gesicht. Konzentrieren Sie sich auf das »innere Lächeln« und Ihr Ankommen im »Haus des Qigong«.

2 Wecke das Chi

Beobachten Sie Ihren Atem. Atmen Sie ein durch die Nase und aus durch den Mund, so lange, bis Sie wieder wie von selbst einatmen. Dann führen Sie Ihre Arme wie an seidenen Fäden am Handgelenk gezogen vor dem Körper bis auf Schulterhöhe hinauf. Hände und Ellbogen hängen dabei entspannt herunter. Nun führen Sie die Bewegung – mit den Handgelenken als Zugkraft – wieder zurück und ein Stück am Körper vorbei. Die Hände klappen um und die Arme ziehen wieder nach oben. Atmen Sie ein, wenn Sie die Arme nach oben bringen, und aus nach unten. Erden Sie sich, bleiben Sie fest auf den Füßen, kommen Sie in Ihrer Mitte an. Wiederholen Sie diese Übung 9- oder 12-mal. Hierdurch zentrieren Sie sich und entspannen Ihren Geist.

3 Hände und Augen streichen den Horizont

Sie stehen schulterbreit, die linke Hand mit etwas Abstand vor der rechten, ungefähr auf Brustbeinhöhe, mit der Handinnenfläche zum Körper. Blicken Sie in Ihre linke Hand und führen Sie den Arm nach links, bis kurz bevor er mit der Schulter eine Linie bildet. Schauen Sie in Ihre Hand hinein und darüber hinaus in die Ferne. Führen Sie den Arm in gleichem Rhythmus ohne Unterbrechung wieder zurück und lassen Sie die rechte Hand nun vor die linke gleiten. Wiederholen Sie diese Bewegung nach rechts. Die Hände dürfen nicht höher sein als die Schulter, damit diese entspannen kann. Nehmen Sie Ihren Atem mit in die Bewegung: Arm ausbreiten, einatmen, Arm zurückführen, ausatmen. Bewegen Sie auch den Kopf synchron mit, so dass die Augen leicht folgen können. Wiederholen Sie diese Bewegung anfangs 6- bis 9-mal, später, wenn Sie in der Lage sind, die Schultern dabei gut zu entspannen, auch öfter. Diese Übung ist gut für einen festen Stand, einen freien Geist und die Beweglichkeit Ihrer Halswirbelsäule.

4 Das Drachenboot überquert das Gelbe Meer

Stehen Sie etwas breiter als schulterbreit. Schieben Sie Ihr Becken so weit von links nach rechts und umgekehrt, bis das eine Bein gestreckt ist und das andere gebeugt. Die Füße bleiben dabei fest am Boden, der Oberkörper gerade. Gleichzeitig zieht die richtungsführende Hand nach oben bis auf Schulterhöhe, die andere »stützt sich«, Ellbogen leicht nach außen, vor dem Becken in der Luft auf. Dieses »Spiel der Hände« findet vor dem Körper, innerhalb seiner Konturen statt, also mit kleinen schmalen Bewegungen. Es lässt sich ein ganz feiner Endpunkt spüren, wenn die Hände ihren äußersten Punkt erreicht haben. Spüren Sie diese Streckung im ganzen Körper, von der Ferse bis zum Scheitelpunkt. Stellen Sie sich vor, Sie stehen auf einem schwankenden Schiff und zeichnen mit Ihren Händen Wellen in die Luft. Blicken Sie in die Ferne übers Meer. Wiederholen Sie diese Übung 9-mal, wobei eine Zahl Hin- und Rückweg zusammen bedeutet. Sie trainieren damit Ihre Standfestigkeit und Konzentration und dehnen Ihren Körper von der Ferse bis zum Scheitel.

5 Arme bewegen wie Vogelflügel

Vorbereitung: Üben Sie den so genannten Sitzbogenschritt: Stellen Sie ein Bein leicht vor das andere; geben Sie Ihr Gewicht so weit zurück, als ob Sie sich auf Ihr »drittes Bein«, das Steißbein, setzen wollten. Sinken Sie dabei leicht ins Standbein, das andere Bein ist fast gestreckt.

Beginnen Sie schulterbreit stehend nach links mit dem Sitzbogenschritt. Wenn Sie sich anschließend um 180° nach rechts drehen, wechselt automatisch auch das Standbein. Dazu heben und senken Sie die Arme ähnlich wie in Übung 2, nur etwas weiträumiger und zügiger. Stellen Sie sich vor, Sie seien ein Vogel und schwängen Ihre Flügel mal rechts, mal links schlagend durch die Lüfte. Der Blick geht dabei in die Ferne, der Atem folgt den Bewegungen. Drehen Sie insgesamt 9- oder 12-mal von einer Seite zur anderen. Sie können sich das Drehen erleichtern, indem Sie den Fuß zunächst in die Bewegungsrichtung eindrehen und dann den Körper folgen lassen. Diese Übung fördert einen leichten Fluss von Energie durch Ihren gesamten Körper und öffnet Ihr Bewusstsein für Weite und Freiheit.

6 Das Wasserrad bewegt sich rückwärts

Stellen Sie sich schulterbreit hin. Strecken Sie die Arme Überkopf bei entspannt hängenden Händen und atmen Sie ein. Nun wandern Sie mit den Händen zu den Füßen und streichen dabei mit den Daumen Ihre Körperseite entlang. Beginnen Sie auf Hüfthöhe mit dem Ausatmen. Von den Füßen aus steigen die Arme in ununterbrochenem Rhythmus und mit leichtem Bogen nach vorne bis zu ihrem Ausgangspunkt zurück. Achten Sie darauf, dass Ihre Hände die ganze Zeit parallel zum Boden sind und dass Sie hörbar ein- und ausatmen. Wiederholen Sie diese Bewegung 9- bis 12-mal, je nach »Tagesform«. Das Wasserrad macht Sie wach und beweglich. Sie spüren, wie Qi-Energie frei wie Wasser durch Ihren Körper strömt.

7 Das Nashorn schaut zum Mond

Halten Sie die gefalteten Hände mit den Handflächen nach unten ungefähr auf Bauchnabelhöhe. Die Beine stehen schulterbreit und bleiben stabil. Drehen Sie nun den gesamten Oberkörper nach links, wandern die linke Seite am Bein entlang nach unten, von einem Fuß zum anderen und rechts wieder hinauf. Am Ende nehmen Sie den Kopf leicht in den Nacken, so dass Sie den Mond »sehen« können und atmen mit einem erlösenden/staunenden »Aahh« aus. Nehmen Sie den »Rückweg« in der gleichen Weise, insgesamt 6-mal, jeder Weg eine Zahl. Das Nashorn hält Nacken und Rumpf beweglich, entspannt Ihr Gesicht mit einem Lächeln und öffnet Ihre Augen.

8 Der goldene Affe opfert Früchte

Sie stehen zweimal schulterbreit im so genannten Reitersitz: Füße zeigen geradeaus bzw. leicht nach außen, das Gesäß ist tief, der Rücken ganz gerade. Greifen Sie nun mit den Händen zwischen Ihren Beinen hindurch, als wollten Sie etwas vom Boden aufnehmen und führen Sie die Hände von hier aus mit einer großzügigen Bewegung auf Schulterhöhe nach hinten, während sich der Körper wieder aufrichtet. Der Blick geht nach vorne oben, das Brustbein ist weit geöffnet, die ganze Bewegung ist eine großzügige, abgebende Geste, begleitet von deutlichem Ausatmen (Haah). Der goldene Affe öffnet Ihren Brustkorb, fördert eine weite Atmung und macht Ihr Herz empfänglich für Geben und Nehmen.

9 Die Schildkröte Song kua

Die Füße stehen etwas breiter als schulterbreit. Die Hände bilden vor dem Bauchnabel ein Dreieck, dessen Daumen den Bauch berühren. Nun öffnen sich die Arme nach außen und werden kreisförmig wieder zusammengeführt, während der Oberkörper bei leicht gebeugten Beinen nach vorne kommt. Je nach Konstitution bleibt der Blick vorn, Kopf in den Nacken, oder die Halswirbelsäule bleibt gestreckt, so dass das Kinn Richtung Brustbein weist. Wenn die ausgestreckten Arme und der Oberkörper ungefähr auf einer Linie sind, werden die das Dreieck bildenden Hände auf direktem Weg wieder zum Bauchnabel zurückgezogen und der Oberkörper richtet sich auf. Das Ganze erinnert ein bisschen an eine Brustschwimm-Bewegung in umgekehrter Richtung. Stellen Sie sich vor, Sie seien die Schildkröte, blickten aus Ihrem Panzer und zögen sich dann wieder weise zurück. 6–9 Wiederholungen. Die Schildkröte fördert die Durchblutung des gesamten Körpers und füllt Ihr Zentrum mit Chi-Energie.

10 Pa-Kua-Hände entspannen den Rumpf

Dies ist eine etwas komplizierte Übung, die es auch im Yoga gibt. Sie stehen schulterbreit, linke Hand auf Bauchnabelhöhe vor der rechten, Handflächen zum Körper. Diesmal beginnt die rechte Hand: Sie wandert nach rechts hinter den Rücken, jetzt mit der Handfläche nach oben. Stellen Sie sich vor, die Hand sei ein Tablett mit Kostbarkeiten darauf, die nicht herabrutschen dürfen. Strecken Sie den Arm und beugen Sie gleichzeitig den Oberkörper. Nun zeichnet der Arm in einer großen Überkopfbewegung einen Kreis um Sie herum und endet wieder vor der linken Hand. Als Nächstes wandert die linke Hand nach hinten. Die Kreisbewegung beginnt nun nach links. Nehmen Sie den gesamten Rumpf in die kreisende Bewegung mit hinein, so dass er sich so gut es geht in alle Richtungen mitbewegt. Vor allem anfangs wird es noch etwas ungewohnt sein, sich mit dem Oberkörper auch nach hinten zu beugen. Aber im Laufe der Zeit werden Sie immer beweglicher. Wichtig ist es auch, die Hand die ganze Zeit parallel zum Boden zu halten. Lassen Sie den Atem während der Kreisbewegung gut herausfließen. Die Übung soll zu einer Entspannung des unteren Rückens führen. Tasten Sie sich langsam an diese Bewegung heran.

11 Drachenkopf und Phönixschwanz

Der Drachenkopf oder auch die Kranichhand, die Peitsche etc. … es gibt viele Bezeichnungen im Tai Chi für die Position, in der das Handgelenk den höchsten Punkt bildet und alle Finger so eng wie möglich spitz zusammengehalten werden. Bei dieser Übung schaffen Sie eine Verbindung zwischen diesem höchsten Punkt und Ihrer Ferse. Wiederum schulterbreit stehend hängen die Arme zunächst seitlich. Dann bringen Sie beide Arme mit leichtem Schwung und dem »Drachenkopf« als höchstem Punkt nach oben, mit gestreckten Armen über den Kopf hinaus. Spüren Sie diesen Endpunkt. Gleichzeitig schwingt das linke Bein so weit nach hinten, wie es mit leicht angezogenem Fuß und gestrecktem Bein möglich ist (Achtung: das ist nicht viel!). Wiederholen Sie diesen Ablauf im Wechsel 12-mal in einem zügigen Tempo, aber immer noch als bewusst geführte Bewegung. Atmen Sie an den Endpunkten hörbar aus. Diese Übung soll den gesamten Körper lockern und die Muskeln des unteren Rückens stärken. Sie hilft Ihnen, klare Endpunkte zu setzen.

12 Die kraftvolle Königin stützt ihre Hände in die Lende

Sie stehen schulterbreit. Die linke Hand ist mit dem Gelenk in die linke Seite gestützt, der rechte Arm bildet einen Halbkreis um den Kopf. Nun ziehen Sie mit dem rechten Arm aus der Schulter heraus nach links, so weit, dass sich der Oberkörper mit in diese Richtung bewegt. Kehren Sie zur Mitte zurück und achten Sie darauf, dass Ihr Kopf beim Wechsel der Arme ganz gerade bleibt und der Körper sich erst dann bewegt, wenn der Arm in die andere Richtung zieht. Stellen Sie sich vor, die Arme tanzen um Sie herum wie die Schlangen um das Haupt der Medusa. Sie aber bleiben ganz entspannt in Ihrer Mitte. Nehmen Sie den Atem mit in die Bewegung und üben Sie Ihr inneres Lächeln. Die kraftvolle Königin dehnt die Körperseiten und zentriert Ihren Geist.

13 Die Himmelskönigin hebt die Türme

Sie stehen zweimal schulterbreit in der Reiterstellung. Die Hände bilden mit Daumen und Zeigefinger ein Dreieck und sind etwa auf Stirnhöhe vor Sie gestreckt. Gehen Sie nun mit den Beinen bei ganz geradem Rücken (!) so weit nach unten wie es Ihnen angenehm möglich ist und ziehen Sie gleichzeitig mit den Händen zu den Knien. Dort drehen Sie die Hände so als ob Sie unter zwei große Schachbretttürme greifen würden und lassen sie gleichzeitig mit den Beinen wieder nach oben steigen. Konzentrieren Sie sich beim Steigen auf die Kraft des Hebens, die schon in den Fersen beginnt. Stellen Sie sich vor, Sie seien eien Königin, deren Krone nicht vom Kopf rutschen darf. Wiederholen Sie diese Übung 9-mal bei hörbarem Atem. Sie stärkt Ihre Kraft und Ihre Standfestigkeit und fördert eine gute Haltung.

14 Der fliegende Adler dreht den Kopf

Sie stehen schulterbreit, die Arme sind auf Schulterhöhe zu den Seiten weggestreckt, Fingerspitzen zeigen nach oben. Während Ihr Körper von der Mitte ab nach unten stabil bleibt, dreht Ihr Oberkörper mit dem Ausatmen abwechselnd nach hinten und wieder zurück. Sie beginnen nach links. Tasten Sie sich vorsichtig an diese Übung heran. Konzentrieren Sie sich darauf, dass die Bewegung von der Hüfte aus beginnt, so als ob der Impuls aus dem Becken käme. Bleiben Sie locker, blicken Sie hinter sich und atmen Sie gut aus. Wiederholen Sie die Übung 12-mal. Diese Übung hält Ihren Geist beweglich und entspannt Ihren unteren Rücken.

15 Die Füße besuchen die Hände

Diese Übung soll den Kreislauf anregen, um den Ablauf der Übungen insgesamt zu erleichtern und zu harmonisieren. Wieder stehen Sie schulterbreit, die Arme gerade nach vorne gestreckt. Nun schwingen Sie das linke Bein zur linken Hand, dann das rechte zur rechten; danach wandern die Arme gestreckt seitlich zum Körper und Sie schwingen die Beine seitlich zu den Händen, erst links, dann rechts. Halten Sie die Arme so hoch, wie Sie mit möglichst gestreckten Beinen nach oben schwingen können. Wiederholen Sie jede Runde (4-mal schwingen) insgesamt 6-mal. Das ist etwas anstrengender und erinnert ein wenig an die Strapazen einer chinesischen Kungfu-Schule. Aber übertreiben Sie nicht. Nehmen Sie den Atem mit, stellen Sie sich die Beinarbeit leicht und fliegend vor und gehen Sie am Ende der Übung gleich zur nächsten über. Sollte Ihnen die Übung schwer fallen, können Sie alternativ zunächst die Knie zu den Armen bringen. Das ist konditionell weniger anstrengend und entlastet den Rücken.

16 Den Atem beruhigen

Dies ist eine sehr wirkungsvolle Übung, um in angespannten, gestressten Situationen schnell wieder das innere Gleichgewicht zu finden. Schulterbreit stehend legen Sie die Hände mit den Handrücken nach unten ineinander vor Ihren Unterbauch. Von hier aus steigen die Hände bis zum Solarplexus und Sie atmen deutlich ein; dann drehen Sie die Hände und führen sie wieder nach unten mit deutlichem Ausatmen. Gleichzeitig und synchron gehen Sie auf die Zehenspitzen und wieder hinab. In der zweiten Runde steigen die Hände wieder, drehen und wandern vom Körper weg nach vorne. Wieder bewegen Sie sich auf den Füßen mit. Ein drittes Mal steigen die Hände wieder bis zum Solarplexus, drehen und steigen mit dem Ausatmen nach vorne oben. Wiederholen Sie jede Runde (3-mal atmen) 6-mal. Achten Sie darauf, dass die Schultern entspannt bleiben. Konzentrieren Sie sich auf das Synchronisieren von Atem, Händen und Füßen.

17 Zwei Frauen, eine so schön wie die andere

Die Geschichte erzählt, dass der Meister gleichzeitig auf zwei wunderschöne Menschen in entgegengesetzter Richtung zeigen wollte und so die Übung entstanden sei. Sie stehen schulterbreit und fest bis auf Gürtelhöhe, der Oberkörper weich und entspannt. Die Arme sind auf Schulterhöhe rechts und links vom Körper weggestreckt, die Finger zeigen in die Ferne. Nun drehen Sie sich in einer zügigen Bewegung mit dem Ausatmen nach links, schauen weit hinter sich, während Sie die Arme in der Drehung kurz anziehen und wieder strecken. Der Rhythmus ist: Arme leicht anziehen, einatmen; drehen, weit hinter sich gucken, Arme strecken und ausatmen und wieder zurück in Ausgangsposition. Wiederholen Sie die Übung insgesamt 12-mal. Sie ähnelt ein wenig dem »fliegenden Adler«: Beine und Becken fest, Oberkörper flexibel. Eine besondere Schwierigkeit ist hier jedoch die Bewegung der Arme. Sie zeigen nach der Drehung in die jeweils genau entgegengesetzte Richtung. Dadurch entsteht eine starke Drehung im Schulterbereich. Auch der Kopf müsste im Prinzip so beweglich sein, dass Sie nach der Drehung den hinteren Arm noch sehen können. Seien Sie so locker wie möglich im Oberkörper. Achten Sie darauf, dass die Füße dennoch fest stehen bleiben. Tasten Sie sich vorsichtig an die Drehung des Kopfes heran. Atmen Sie aus, als wollten Sie die Luft aus den Lungen hinauspusten, und wiederholen Sie die Übung 6-mal. Sie fördert die Beweglichkeit der Wirbelsäule insgesamt und die Fähigkeit zur Koordination. Mit dieser Übung blicken Sie kurz zurück und konzentrieren sich wieder auf das Wesentliche.

18 Zwei fliegende Schmetterlinge

In dieser Übung dominieren Ruhe, Konzentration und Gleichzeitigkeit des bewussten Handelns. Sie stehen schulterbreit, die Handflächen der leicht geöffneten Hände nach vorne gedreht am rechten Beckenknochen und vor der linken Schulter positioniert, mit den Fingerspitzen leicht nach außen weisend. Nun wandern beide Hände bis zum Solarplexus, berühren sich dort an den Handwurzeln und steigen bzw. sinken wieder auf den jeweils gegenüberliegenden anderen Platz. Es ergibt also eine Bewegung von den Seiten zur Mitte hin und wieder nach außen. Dort drehen die Hände im Handgelenk auf der Stelle. Stellen Sie sich vor: Zwei Schmetterlinge fliegen los, begrüßen sich, landen auf dem jeweils (gegenüberliegenden) anderen Platz und zeigen ihre wunderschönen Flügel. Versuchen Sie, beiden Schmetterlingen gleich viel Zeit zu geben. Stehen Sie im Tai-Chi-Stand mit leicht gebeugten Beinen, lassen Sie die Bewegung zart fließen und nehmen Sie den Atem mit. Diese Übung schenkt Ihnen die Schönheit von Ruhe und Bewegung im Augenblick.

19 Das Nashorn trinkt Wasser

Die Daumen sind ineinander gehakt hinter dem Rücken, das linke Bein auf der Ferse nach vorne links abgestellt, das rechte als Standbein leicht gebeugt. Der rechte Fuß zeigt gerade (!) nach vorne. Nun beugen Sie Ihren Oberkörper in Richtung des rechten Fußes gerade nach vorne, die Nase zum Boden gewandt. Stellen Sie sich vor, Sie sind ein Nashorn und wollen sich zum Wasserloch neigen. Sie spüren das Gewicht der Arme, Ihren »Panzer«, auf dem Rücken und sind ganz gelassen und entspannt. Wandern Sie mit der Nase 6-mal nach vorne/unten, so weit es Ihnen mit geradem Rücken möglich ist. Das Standbein kann gestreckt oder leicht gebeugt sein. Dann wechseln Sie die Seite, auch die Daumen, so dass Sie insgesamt 12 Wiederholungen haben. Beobachten Sie Ihren Atem: Je nachdem, wann Sie ein- oder ausatmen, können Sie Ihren Atemtypus hier gut erkennen (siehe Anmerkung 45, S. 112).

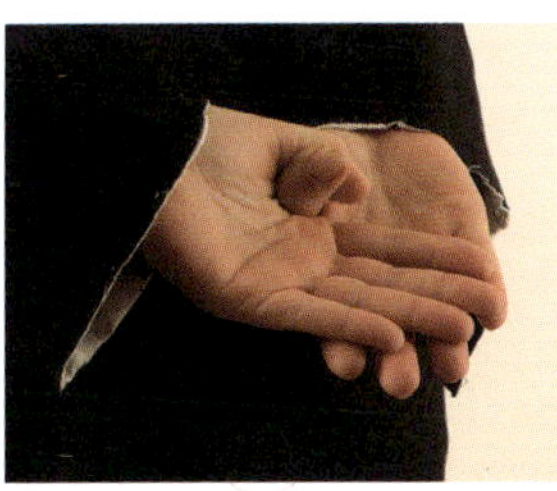

20 Der Rotkopfkranich bewegt seine Krallen

Ihre Hände bilden wieder den »Drachenkopf« aus Übung 11, die Arme hängen entspannt herab, der Stand ist schulterbreit. Nun führen Sie die Hände mit den Fingerspitzen zuerst zum Gesicht, bis die Unterarme und Ellbogen eng zusammenschließen. In diesem Moment »betrachtet« der Kranich seine Krallen. Dann drehen Sie die Handgelenke nach vorne und strecken dabei leicht die Arme: Der Kranich »zeigt« seine Krallen. Jetzt steigen die Arme mit den Handgelenken als höchsten Punkt nach oben, bis sie ganz Überkopf gestreckt sind. Mit dem Ausatmen öffnen Sie die Arme und führen Sie rechts und links vom Körper wieder in die Ausgangsposition zurück. Während die Hände über den Kopf steigen, gehen Sie auch mit den Füßen auf die Zehenspitzen und senken diese wieder langsam ab, wenn die Arme nach unten zurückgleiten. Insgesamt wiederholen Sie diesen Ablauf 9-mal: Hände nach innen, nach vorne, steigenlassen und einatmen, öffnen und ausatmen. Der Rotkopfkranich ist eine sehr graziöse Übung, die viel Standsicherheit und Konzentration erfordert, die Hand- und Schultergelenke geschmeidig hält und das Innere nach außen öffnet.

21 Die strahlende Kaiserin beschenkt sich selbst

Sie stehen auf dem linken Bein, der rechte Fuß in die linke Kniekehle »eingehängt«, die Arme und Hände entspannt an den Seiten hängend. Nun steigen die Arme seitlich nach oben, bis sie über dem Kopf an den Fingerspitzen zusammenkommen. Bringen Sie die geschlossenen Hände auf direktem Weg zu Ihrem Unterbauch und sinken Sie dabei mit dem Ausatmen tief ins Standbein. Stellen Sie sich vor, Sie sind die strahlende Kaiserin, die nach einem Geschenk greift und dieses zu ihrem Zentrum führt. Üben Sie Ihr inneres Lächeln. Wiederholen Sie die Übung auf jedem Bein 6-mal. Sie stärken damit Ihre Standsicherheit, Fuß- und Beinmuskeln und üben sich in entspannter, würdevoller Haltung.

22 Goldene Blüten fallen zur Erde

Stellen Sie sich vor, Sie sind ein wunderschöner Baum und aus Ihren Händen und Füßen fallen goldene Blüten heraus. Stehen Sie schulterbreit und schütteln Sie den linken Unterschenkel 3-mal locker aus. Dann wechseln Sie das Bein. Gleichzeitig schütteln Sie auch die Unterarme von den Ellbogen aus an den Seiten vorbei und wieder nach oben. Sie kommen dabei in den Rhythmus von 1, 2, 3, wechseln, 1, 2, 3, wechseln. Entspannen Sie die Hände und die Füße (!). Pusten Sie dazu die Luft aus Ihren Lungen und üben Sie Ihr inneres Lächeln.

23 Die Augen schließen und den Geist entspannen

Dies ist eine der schwierigsten Übungen überhaupt, da es uns sehr schwer fällt, die Gedanken loszulassen und sich allein auf den Atem und das Hier und Jetzt zu konzentrieren. Sie bauen wieder in aller Ruhe Ihren Tai-Chi-Stand auf: schulterbreit, die Knie locker, das Becken entspannt, den Rücken sanft aufgerichtet, Kopf gerade, Arme entspannt, der Blick geht in die Ferne und Sie atmen einmal ganz tief ein und aus. Zum Meditieren können Sie entweder die rechte Hand in die linke legen und vor Ihr Energiezentrum (Unterbauch) halten, so dass die Kleinfingerseite Kontakt hat, oder Sie lassen die Arme hängen mit den Fingerspitzen geschlossen. Verlagern Sie das Gewicht auf den Füßen wieder so lange, bis Sie Ihren Mittelpunkt gefunden haben. Dann schließen Sie für drei Minuten die Augen. Sobald Sie vom reinen Sein im Augenblick abgelenkt sind, stellen Sie sich vor, die Gedanken seien weiße Wolken, die über den Himmel ziehen. Beobachten Sie, nehmen Sie wahr und kehren Sie immer wieder mit Ihrer Aufmerksamkeit zu Ihrem Atem zurück. Sie können sich auch sagen: Ich setze mich ans Ufer und betrachte den Strom meiner Gedanken. Nehmen Sie wahr, was an Ihnen vorbeitreibt im Wasser, beobachten Sie, bewerten Sie nicht.

Es empfiehlt sich für diese Zeitspanne entweder einen Meditationswecker oder einen sehr leisen Weckton zu verwenden, da Sie sonst aus Ihrer Entspannung herausschrecken. Es lohnt sich aber, die Zeit zu stoppen, um festzustellen, wie gut Sie sich entspannen konnten. Verging die Zeit wie im Flug, waren Sie wahrscheinlich mit Ihren Gedanken unterwegs. Aber finden Sie doch selbst heraus, was Ihr Zeitempfinden über Sie aussagt. Das kann sehr unterschiedlich sein.

24 Qigong-Klopfmassage

Um die Übungen abzuschließen und sich aus der Meditation wieder herauszuholen, gibt es diese »Selbstmassage«. Streichen Sie zunächst Ihr Gesicht von der Mitte nach außen über die Ohren bis zur Kinnspitze aus, so als ob Sie am Ende die Müdigkeit hinauswerfen könnten. Massieren Sie mit den Fingerspitzen die Kopfhaut und klopfen Sie dann den Nacken aus. »Knibbeln« Sie an Ihren Ohrrändern von unten nach oben, um wach zu werden. Dann reiben Sie mit den gefalteten Händen den Nacken aus, wobei der Kopf gerade bleibt. Nun klopfen Sie sich mit der lockeren rechten Faust auf die linke Schulter. Dazu können Sie Ihren Ellbogen festhalten und sollten sich immer ein paar freundliche Worte sagen, z. B.: Gut gemacht, oder: Ich danke meinem Körper für die Beweglichkeit und wünsche mir einen wunderschönen Tag. Danach wandern Sie mit der klopfenden Hand den Arm hinab, über die Hände und innen wieder hinauf bis zum Brustkorb. Hier klopfen nun beide Hände und Sie machen dazu einen freundlichen, singenden Ton, um auch Ihre Bronchien und die Stimme zu lockern. Die linke Hand wandert den rechten Arm ab und beide treffen sich wieder laut tönend auf dem Brustkorb. Von hier aus wandern die klopfenden Fäuste an den Seiten des Körpers, die Beine hinab, über die Füße hinüber und wieder an der Innenseite hinauf bis zu den Leisten und über die Nieren noch einmal den gleichen Weg abwärts. Am Ende wird das Gesäß abgeklopft und mit einem kleinen Sprung in die Höhe wird die Übung abgeschlossen. Wer möchte, verneigt sich noch in Richtung Sonne und sagt sich: »Ich begrüße den Tag/Abend mit einem inneren Lächeln.«